도반 3

깨달음으로 가는 101가지 이야기

정도령 지음

한솜미디어

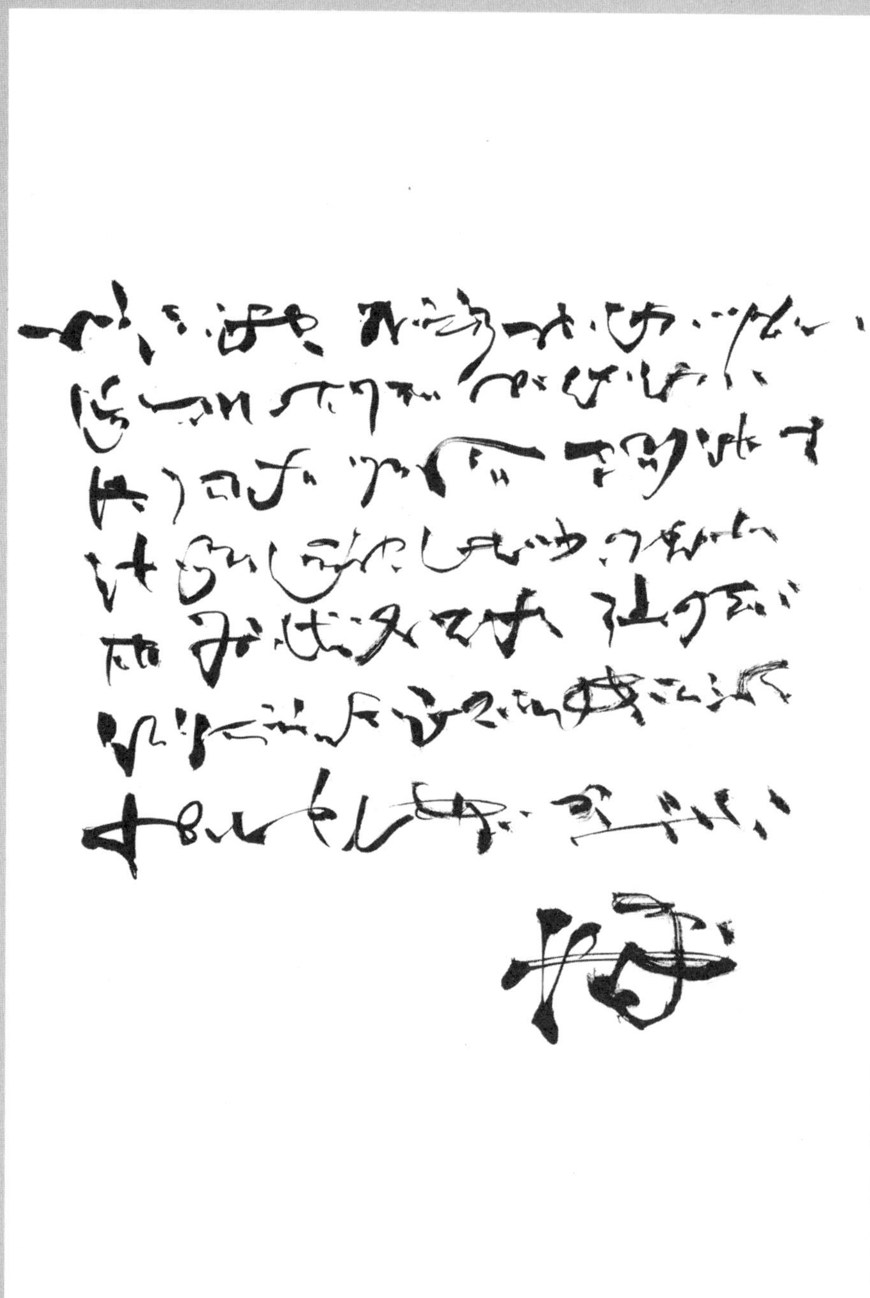

"천서"

"천문"

正道靈

오늘도 나는 하늘을 보고 산다.
그것이 유일한 나의 기쁨이다.
이제 『도반 3편』을 쓸 차례가 왔다.
어디든지 지금 공사 중이다.
내 마음도 공사 중이다.

하늘은 내 마음을 바꾸는 데는 최고이다.
여러분들이 『도반 1편』 그리고 『도반 2, 3편』을 읽고
깨우친 것이 있다면 그것은 하늘의 법을 안다고 할 수 있어
나는 만족한다.

우주의 원리를 알고 사는 것이 얼마나 좋은가를 깨닫고 산다면
하루하루가 분수처럼 즐거움이 솟아날 것이다.
자신의 환경을 바꾸는 것은 내면이 있어야한다.
나는 여러분들의 숨어있는 내면을 살리고 싶어 글을 쓰고 있다.

道가 무엇인지 이제 알 것 같다.
道란 무에서 유를 만들어내는 것으로
인간사회에 쓰여 지지 않는 곳이 없다.
깨달음이 없다면 사회는 혼탁해질 것이다.
우리의 정신문화를 바로잡아 세계의 등불이 되어야한다.

해가 있어 밝은 것이 아니라 밝은 마음이 있을 때
세상은 밝아지는 것이다.
언젠가 이 세상이 밝은 마음으로 변할 때
세상의 평화는 숨죽이며 올 것이다.

이제 『도반 3편』을 쓰며 모두 공감하는 글이 되기를 기원한다.
준비된 사람이 되어야한다.
그것이 인간이 살아가는 초능력이다.

靈과 神과 氣의 세계를 다루는 우주의 원리는
오늘도 인간이 살아가는 둥지를 만들어간다.
우리는 그 안에 있다.

좋은 나라를 만들어가자,
천기를 받아 조상을 바로 모시자.
단군은 종교가 아니라 조상일 뿐이다.
국조이신 단군을 모시자.

□ 이 책을 쓰는 취지

난 이제 자연이 살아가는 법을 알았다.
무엇이든 동적이나 정적이든 행해야 한다는 것을 느끼며
실천은 인간이 살아가는 데에 가장 중요하다는 것을 알았다.
언젠가 나는 죽음을 맞이하게 될 것이다.
이미 하늘은 나의 자리를 준비해 놓으셨다.

나는 안다.
이왕이면 좋은 곳으로 가고 싶다.
인간의 마음과 하늘의 생각이 일치할 때 동반자가 되는 것이니
난 깨달은 만큼 안내를 하고 싶다.
그리고 깨닫게 하고 싶다.

하늘은 나를 보고 기뻐하신다.
이유는 어떠한 것을 바라고 살지 않아서 그렇다.
하늘에서 나를 보고 기대하신다.
대신 변호를 맡아 달라고 그래서 나는 책으로나마
변호를 하고 있다.

책은 인간에게 간접 경험을 하게 하지만
인간은 책의 진실한 내용을 이해하지 못하기에

누구라도 깨우침의 중요성을 알게 하기 위해서
책을 쓰는 취지로 대신하고 있다.
이제 여러분들은 인간의 무한성과 인간의 나약함을
하나하나 알아갈 것이다.

부지런한 우리가 되자고 하고 싶다.
"하늘은 스스로 돕는 자를 돕는다"라는 말이 있듯이
그것은 자신의 내면을 즐겁게 하는 것이기에 발전을 의미한다.
자신의 내면을 알고 살자.
자신의 본래 모습을 알고 살자.
전생이 무엇인지 몰라도 좋은 것이라 생각을 하고 살자.

대한민국을 지상에서 제일 잘사는 나라로 만들자.
서로 좋은 꿈을 파는 나라로 만들자.
나는 이렇게 생각을 한다.
이 글이 세계로 나가길…….

깨우친 이
정도령

깨달음으로 가는 101가지 이야기

도반 3 / 차례

正道靈 / 4
이 책을 쓰는 취지 / 6

제1장 처세 / 15

긴급 상황 / 16
파김치 / 18
문을 열어라 / 20
투신자살 / 22
아직도 모르냐 / 24
나는 살아있다 / 26
지신(地神)과 싸운다 / 28
하늘의 공사장 / 30
너는 아느냐 / 32
웃기지마라 / 34
형제처럼 / 36
빠져버려 / 38
흑기사 / 40
기타 치는 사나이 / 42
문을 닫아라 / 44
인간은 신기한 것을 좋아한다 / 46
온 세상이 / 48
중국과 일본 / 50
총각무 / 52
방귀뀌는 사나이 / 54

제2장 빙고 / 55

와 찾았다 / 56
인간의 성격 / 58
훈수 / 60
피리소리 / 63
강감찬 장군 / 65
이순신과 나 / 67
여보게 나 이승만이야 / 69
편한 것이 싫어 / 71
우주에서 나가 / 73
훈장님 / 75
아파요 / 77
나도 한국인 / 79
확실해요 / 82
폭탄세례 / 84
광야 / 86
쿵따꿍 / 88
찬바람 / 90
난 몰라요 / 92
내 인생의 스승 / 94

도반 3 / 차례

제3장 하늘을 / 97

깊고 깊네 / 98
하늘은 무지개 / 100
추워요 / 102
절벽이 많네 / 104
나만의 사랑 / 106
혼삿길이 막혔네 / 108
나 술 취했어 / 110
청계산 / 112
신(神) 사냥 / 114
언제 할래 / 116
깊은 것은 내 마음 / 118
친구야 어디가 / 120
지하철 / 122
공짜가 어딨어 / 124
자유를 달라 / 126
하늘은 내 친구 / 128
허가 나야 돼 / 130
헝클어진 머리 / 133
신봤다 / 134
출세했네 / 136

차례 / 도반 3

제4장 이리 오너라 / 139

곤장 백 대 / 140
봉고차 사랑 / 142
기를 주고파 / 143
나침반 / 145
귀신 잡는 해병 / 147
형사반장 / 149
서울구치소 / 151
형 나 여기 있어 / 153
하늘 높을 줄 모르고 / 155
옹알이 / 157
산 넘어 가보면 / 159
형제는 외로워 / 161
인사처장 / 163
공포 / 165
날좀봐요 / 167
혹세무민 / 168
술래잡기 / 170
정거장 / 172
용왕님 / 174
백두산과 후지산의 후예 / 176

도반 3 / 차례

표준어 / 178
황성옛터 / 180
임금님 / 182

제5장 포기각서 / 185

부귀영화 / 186
술과 사랑 / 187
충족 / 189
숨어있는 신 / 191
도인술 / 192
승차권 / 194
공과금 / 196
미워하지마 / 198
정신적인 고통 / 200
한양천리 / 202
두만강 / 204
해장국 / 206
한강 / 208
정육점 / 210
남은 생명 / 212
우울증 / 214

빙의 / 216
당신의 사주는 잠자고 있는가? / 218
아, 세상에 이런 일이 / 220
순간포착 / 222
무표정 / 223
영체 / 225
보호령 / 227
세계의 신 / 229

제6장 내가 만난 사람들 / 231

인천 십정동 어느 여인 - 임신이 어렵다 / 232
충주에서 건설업 - 내 사업이 이렇게 안 되지? / 234
영주에서 - 깨달음 공부를 하고 싶어요 / 235
대전 어느 여인 - 사방이 막혔어요 / 236
군산 어느 젊은이 - 정신병이 있어요. 너무 아파요 / 237

제7장 정신세계 / 239

영(靈)의 세계와 깨달음의 진실 / 240
수행으로 가는 길 / 265
신(神)으로 본 기(氣)의 세계에 대한 영적조명 / 285

도반 3 / 차례

제8장 운천선원 마음공부 / 303

마음이란? / 304
마음공부 프로그램 — 프로그램의 특성 / 305
마음법의 원리 / 306
마음법의 수행 / 307
생활 속에 활용 / 308
마음선원 취지와 목적 / 309

제9장 마음공부의 단계 / 311
–명상 氣 참선

(1단계) 자신의 잘못을 자신 있게 말하는 공부 / 312
(2단계) 자신이 누구인가 찾는 공부 / 313
(3단계) 내면을 바라보는 공부 / 314
(4단계) 내면을 꺼내는 마음공부 / 315

후기 / 317

제1장
처세

긴급 상황

영적공부를 할 때 일어나는 여러 가지 현상 중에 인간으로서 대처를 못하는 경우가 많은데 그 중에서 신명이 없을 때이다.

갑자기 신명들이 하늘로 올라가기에 힘이 없어지거나 정신이 없을 때가 있다.

그 상황은 빙의가 돼서 정신이 없을 때처럼 현상이 일어난다.

그때는 신명을 불러 어디에 있는지부터 알아야한다.

이제 『도반 3편』의 영적세계의 글을 쓰며 저자는 신과의 대화를 묘사하고 있다. 지금도 하늘에서는 많은 사람들을 도구로 쓸려고 많은 천신을 땅으로 내려 보내고 있다.

다만 인간이 영계를 이해하지 못하기에 잘못된 곳을 찾게 되는데, 물론 지나고 보면 모든 것이 공부가 되어있다는 것을 알게 되며 지금까지 헤매게 된 것도 하늘의 뜻이라는 것을 알 때 깨달음이 시작되는 것이다.

영적공부를 할 때는 긴박한 순간이 가끔 일어나는데 그때마다 어떻게 슬기롭게 보내느냐에 따라서 하늘은 능력을 수준대로 내려주는 것이다. 그렇다. 어려운 시간을 어떻게 보내는 것이 중요하다. 그만큼 영은 시간을 초월해야 한다.

마음을 다스려야 한다고 하는 사람들은 쉽게 말하지만 쉬운 것은 아니라는 것을 여러분들이 더 잘 알 것이다. 『도반 3편』은 책만 읽어도 기운이 바뀌는 현상이 일어날 것이다. 인간은 인간의 머리로 해결하지 못하면 종교나 하늘을 만나길 원하는데 하늘의 기운을 알고 시작한다면 성공을 할 것이다. 부디 기운을 알아 하는 일이 모두 이루어지길 빈다. 오늘도 나는 긴박한 순간을 만난다.

도를 하기 위해서는 긴박한 순간을 많이 경험해야 한다. 긴박함이 영의 성장을 가져온다. 그리고 깊이를 깨닫게 한다.

언젠가 여러분들이 영적으로 산다면 아무리 급한 상황이라도 편안한 마음을 갖게 되는데, 영적으로 살아간다는 것을 느끼기에 기분은 항상 업이 되고 흥분된다.

우리나라는 빨리 해야 한다는 것을 잊고 살아가고 있다.

영성으로 산다면 순서를 지키고 살아가지만 영성이 없다면 항상 뒤죽박죽이다.

어느 상황이 와도 대처하기 위해서는 오직 하늘의 소리를 들을 줄 알아야 한다는 것을 명심하고 살아라.

그러면 긴급 상황은 오지 않을 것이다.

파김치

영성공부는 파김치가 될 정도로 힘이 든다. 하지만 힘이 든다고 생각을 한다면 그것은 영성공부가 안되고 있는 형국이다. 이제 하늘의 소리를 듣는다는 것은 인간으로서 최고의 소리를 듣는 것이기에 천상의 소리는 인간의 마음을 편하게 한다.

내가 영적으로 공부를 한다는 생각이 들었을 때는 오히려 하늘에서 힘들게 할 때 '나를 발전시키는구나' 하는 생각을 하게 된다. 그렇다. 하늘은 인간의 마음을 달래기 위해 많은 기운을 주고 있다.

오히려 힘들지 않게 한다면 심심할 정도이다. 하늘은 나를 파김치로 만들 때 나의 성장을 스스로 알 수 있게 한다. 그것이 하늘이다. 하늘은 인간에게 받는 것보다 주는 것을 원칙으로 하고 있다.

인간도 그렇게 살아야 한다는 것을 알려주고 있다.

마음공부를 하면서 인간은 자신도 모르게 성장을 하는데 어려울 때 그것을 느끼게 된다. 자신의 분수를 지키는 사람만이 하늘을 가까이 할 수 있다. 난 항상 하늘을 옆에 두고 분수를 지키려하고 있다. 언젠가 기도를 한번에 잠도 안자고 열흘 이상 한 적이 있는데 그때엔 정말 파김치가 됐다. 그때를 생각하면 '과연 지금도 내가 그렇게 할 수 있을까'하고 의심이 앞선다.

나는 제자를 가르치면서 제자들 자신이 파김치 되도록 공부한 것을 한번도 본적이 없다. 우주의 소리를 듣고자 한다면 파김치가 되도록 해야 한다. 그만큼 나는 망가져야한다.

『도반 1편』에서는 공부하는 여러 가지 단계를 이야기하고 『도반 2편』에서는 내 자신이 공부한 것을 늘어놓았다. 이제 『도반 3

편』속에는 하늘의 빛이라는 것이 무엇인가를 알게 하는 글이 많이 쓰여질 것이다. 책을 읽는 독자 제위들은 하늘의 소릴 연결하고 싶을 것이다. 나도 그것을 원하며 바라고 있다.

문을 열어라

천국을 아는가. 오히려 천국은 모르는 사람에게는 차례가 간다. 하지만 천국을 가려한다면 어렵다. 아파트는 갖고자하는 마음을 가질 때 받는다. 무슨 말인지 아는가. 영성이 있는 사람은 그냥 알아차릴 것이다.

그렇다. 천국은 내가 가고 싶다고 가는 것이 아니라 하늘에서 문을 열어줄 때 할 수 있는 것이다. 천국의 문을 연다는 것은 우주의 기운을 받고나야 할 수 있는 것이며 인간으로서는 상상을 못하는 것이나 우주의 기운을 받아야 할 수 있는 것이다.

나는 천국의 문을 열고자 하지는 않았지만 어느 정도 기도를 한 다음에 하늘에 선택을 받아들인 것이다. 이 말의 취지를 아는 사람은 이미 천국의 계단을 올라가고 있는 것이다. 하늘의 문을 열기는 쉬운 것은 아니나 선택의 기회나 선택을 받는다면 이루어진다.

이제 우리 인간들은 모르는 세계를 동경하게 되는데 동경하거나 상상을 하는 속에서 알 수 있다. 그래서 우리는 흔히 천기를 받아야 한다고 하는데 그렇게 어려운 것은 아니다. 마음을 어떻게 먹느냐에 따라서 하늘은 인간들을 항상 주시하고 있다.

천국의 문을 연다는 것은 우주의 기운을 읽어 내릴 수 있기에 너무도 좋다.

그만큼 영계를 알게 되며 인간의 섭리를 알게 되며 인간이 자연이라는 것을 알 수 있다. 그래서 인간은 자연으로 돌아가라는 말의 뜻을 알 수 있는 것이다.

인간의 내면은 자연이며 인간의 내면은 소우주이다.

진정한 소우주라는 것은 여러분도 알다시피 우주의 기운을 받을 수 있는 몸이 형성이 될 때 알게 되며 소우주의 모습을 알 수 있는 것이다.

그렇게 되면 인간은 우주 속에 산다는 것을 인식하게 되며 변화와 진실을 알게 되고 밤과 낮의 형상을 알 수 있다.

이제 하늘이 인간에게 주는 메시지는 나의 것이라는 것을 알라!

인간이 하늘의 소리를 듣고자한다면 천국의 문을 열어 그 문에 자신의 이름을 새길 때 이루어지는 것이다. 이름도 하늘에서 만들어 주실 때 알 수 있는 것이며 내 집을 찾아가게 되는 것이다. 오묘한 하늘은 인간에게 문을 열어주기를 기대하고 있다. 인간이 문을 열려고 애쓰는 것보다 하늘에서 알아서 문을 열러 주는 것이 하늘의 바라는 것이며 규칙이다.

이것을 볼 때 인간이 생각하는 것과 하늘의 생각은 판이하게 다르다는 것을 알 수 있다.

천국의 문은 누구나 들어가기는 쉬우나 자기 몫을 하지 않는다면 천국의 문을 두드리기가 두렵게 되는 것이며 인간세계와 분리가 아닌 공유를 한다는 것을 알게 된다.

그래서 공유한다는 것을 알았을 때는 이미 천국의 문을 열고 들어가는 단계라는 것도 알게 된다. 이제 천국의 문을 연다는 것은 같이 공유한다는 것을 알게 되니 천국의 문을 연다는 것은 같이 사는 세상을 말하는 것이다. 누구나 더불어 같이 사는 세상이 천국의 문을 여는 것이다.

투신자살

자신도 모르게 내면에 죽음을 강요당하는 사람들이 요즘은 부쩍 늘었다. 내면이 강요하는 것이다.

그 내면은 자신과 같은 것이 아니라 다를 수도 있다는 사실을 알아야한다. 자신의 마음에 들지 않는다고 아니면 자신이 무엇을 많이 안다고 하는 것이 내면의 움직임을 읽지 못하기에 자살을 하는 것이다.

전 세계적으로 자살을 하는 이유가 여러 가지 있겠지만 가장 많은 부분을 차지하는 것은 영적으로 죽음을 선택하는 경우가 많다. 그래서 영적으로 삶을 포기하는 사람들이 미래에는 많을 것이다.

하늘은 인간의 삶을 인정해 주셨다. 물론 인간이 모르기에 인정을 하지 않고 있다.

무엇이 걱정이 있어 인간은 죽음을 선택하는가. 인간은 죽음을 소중하게 생각하지만 한편으로는 소중히 여기지 못하기에 자살을 하게 되는 경우이다.

여러분 중에 자살을 하고 싶은 경험을 했다면 그것만으로도 평생을 강하게 살아갈 수 있을 것이다. 특히 아시아 지역은 자살하는 사람들이 많다고 『도반 2편』에서 말했듯이 우리나라도 위험한 수위를 넘어섰다. 그것은 자신을 알지 못하기에 일어나는 현상이다. 그러므로 인간은 자신의 마음을 다스려야한다. 하지만 인간은 하늘을 몰랐다가 통한다면 자신을 찾을 수 있다는 것을 깨닫게 된다. 물론 자신을 알고 사는 사람이 얼마나 있을까.

나 역시 내가 누구인지를 몰랐던 사람이다.

그러기에 나를 찾으러 많은 시도를 해보았다. 결국 나를 안다는 것은 하늘을 아는 것과 마찬가지이다. 인간은 하늘을 알아야 자기를 안다는 것을 명심하고 영적으로 공부해야 한다. 그래야만 상대방의 마음을 이해하게 되는 것이다.

인간의 욕심은 끝이 없기에 욕심으로 인해 자신을 망치고 헤어나지 못하고 있다.

자신의 마음에서 벗어나 산다면 인간은 자살을 생각할 수도 없다.

영적으로 바로서지 못한 사람들이 자살을 생각하기에 인간은 자신의 마음에 참신을 묻어두고 살아야 한다.

언제나 밝은 마음이 들어있다면 죽음을 생각하지는 않을 것이다.

오히려 영생을 원하고 살게 된다. 인간은 언젠가는 죽음을 맞이하는데 태어남과 죽음이 이 지상에서 일어나는 현상 중에 가장 진리인 것이다.

부디 어떠한 일이 있어도 자살행위는 하늘에서 볼 때 가장 큰 죄이다.

아직도 모르냐

발전을 한다는 것은 인간이 가장 원하는 것 중에 한가지이다.

인간은 항상 실수와 반성으로 살아간다.

실수라고 나쁜 것은 아니지만 반성을 하지 않는다면 가장 큰 실수로 변하는 것이다.

하늘은 나를 보며 얼마나 답답했겠는가. 그것도 모르고 잘난 척을 했다는 것을 알 때 인간은 성장을 하는 것이다.

영적으로 사는 나는 하루 일과 모든 시간이 항상 새롭다.

그전에는 새로운 생활과 어떠한 즐거운 일이 없었다. 지금 영성생활을 하면서 나는 다시 태어나 좋은 세상을 만나게 되었다.

하늘은 인간들에게 많은 것을 주었다. 그리고 지금도 내리고 있다.

그러나 그러한 고마움을 모르고 살아가기에 인간은 항상 모르는 것이 많다. 그래서 인간은 죽을 때까지 하늘을 모르고 살아간다. 다만 하늘의 심리를 이해한다면 누구나 깨닫고 살아간다.

나 역시 하늘을 모르고 살아왔기에 이제 하늘을 알고 하늘이 원하는 것이 무엇인가를 알았다. 하늘은 그렇게 큰 것을 원하지 않는다. 인간의 욕심보다 작은 바람을 갖고 있다.

우리는 하늘의 마음을 알고 살아야 한다. 하늘은 인간에게 아직도 모르냐하고 가끔 소리를 지른다. 그러나 인간의 귀로는 들을 수 없기에 모르고 살아간다.

하늘의 음성을 듣고 산다면 인간은 항상 즐거울 수밖에 없다.

하늘은 우리들에게 항상 가르쳐 주시려고 애쓴다. 그것을 안다면 인간의 도리를 다하는 것이다. 인간은 모르는 것 투성이다. 그래도 아는 체 하기에 모르는 것이 많다. 물론 다 아는 사람은 없다. 나 역시 깨달았다고 하더라도 다 아는 것은 아니다.

인간이 어떻게 살아가야 하느냐를 아는 것뿐이다.

끝없이 하늘은 오묘하다 영성공부는 하면 할수록 어려워지고 '인간이 아는 것이 정말 아무것도 없구나'하고 느껴진다. 내가 지금 글을 내리는 대로 쓰지만 하늘을 잘못 전달하지 않을까 걱정을 하며 글을 쓰고 있다.

다만 하늘에서는 나에게 큰 용기를 주시고 있기에 이렇게 편안한 마음을 가지고 살아가고 있다. 나는 이렇게 생각을 한다. 하늘을 통한다면 인간은 쉽게 생각을 할 수 있다. 그러나 인간적인 생각에 모르게 되는 것이며 하는 일이 하늘생각이 아니기에 잘못되는 경우가 많은 것이다.

이제 나는 책을 읽는 여러분에게 조금이나마 하늘의 소리를 들려주어 모르는 것을 깨우치게 하고 싶은 마음이다. 이것이 하늘의 마음이다. 하늘은 인간에게 많은 것을 깨우치게 하고 싶은 심정이다. 내 자신이 누구나 하늘이 되어야 한다. 그래야 몰라도 행복하다. 행복은 아는 것이 아니라, 모르는 것이 많을 때 행복하다. 모르기에 하늘에서 알려준다고 생각해보라. 얼마나 행복한가. 하늘을 아는 것으로도 행복하다.

나는 살아있다

사람이 살아있다는 것은 무엇을 말하는가?

물론 호흡을 해야 한다. 다시 말해 우주의 기운을 받고 사는 것이다. 인간은 우주의 기운을 얼마만큼 받고 사느냐에 따라 인생이 결정된다.

살아있다고 살아있는 것은 아니다. 영혼이 살아있어야 살아있는 것이다. 정신적인 것이 얼마만큼은 제대로 살아있어야 살아있는 것이다.우리의 민족성이 살아있어야 나라가 잘되듯이 그 나라의 민족성이 그 나라를 크게 만드는 것이다.

우리나라는 어떤가? 혼자는 잘하지만 뭉치면 어지럽다.

그것은 정신적인 문제가 있는 것이다. 우리나라는 정신적으로 죽어있다.

나만 생각하고 나를 위주로 살아가는 형태가 안타깝다.

인간은 서로 같이 도와가며 살아가는 것을 원칙으로 해야 한다. 그것이 살아있는 것이다. 우리나라는 갈수록 빈부의 차이가 많을 것이다. 누구나 잘 살고 싶어 하지만 그렇게 되기는 어렵다. 그 이유는 여러분도 알다시피 어떠한 기운을 타고 났느냐는 숙명이 도사리고 있기 때문이다.

운명은 자신이 만드는 것이다.

지금도 자신의 기운을 모르고 살아가는 사람이 얼마나 많은가?

그래서 가끔 사람은 '에이, 죽고 싶다'는 마음을 갖게 된다. 나 역시 기운을 몰랐을 때는 그런 생각을 한 적이 한두 번이 아니었다. 그러나 지금은 다르다. 나의 기운을 알고 난 뒤에는 모든 것이 편해졌다. 누구나 자신의 기운을 알고 나면 그렇게 될 것이다. 자신의 기운을 모르기에 무작정 사는 것이다.

자신의 기운을 아는 것이 살아있는 것이다. 그렇게 되면 욕심도 없어지고 자연을 사랑하게 된다. 인간은 자연이기에 항상 자연과 친구가 되어 살아가는 것이다.

그렇다. 살아있다는 것은 자연을 바로 바라볼 수 있는 눈을 가진 것이다. 자연을 보고 느끼고 자연을 가꾸고 산다면 모든 자연이 자신을 음으로 양으로 도움을 주고 있다. 가끔 여행을 떠나는 것도 자신을 살리는 것이다.

시간과 돈이 없다고 해도 그것은 핑계일 뿐이다. 자연과 같이 호흡하는 것이 살아있는 것이다. 그래야 정신이 건강하다. 육체가 아무리 건강해도 정신이 죽어있다면 그것은 살아있는 것이 아니다.

정신을 차린다면 육체적인 건강은 저절로 좋아진다. 우선 정신적인 건강을 찾고 나서 다른 것을 찾아가야 한다. 마음이 편해지려면 우선 정신이 맑아야한다.

지신(地神)과 싸운다

영성공부를 하다보면 여러 면으로 신과의 싸움을 많이 한다. 특히 지신과 싸움을 많이 하게 되는데 사람들은 지신이 있다는 것조차 모르고 살아간다. 하늘도 어렵지만 지신도 어려운 상대이다.

인간이 살아갈 때 지신과 합의가 안 된다면 사는 곳이나 영업을 하는 장소에서 쫓겨나간다. 그래서 인간은 지신과 같이 합의가 됐을 때 오랫동안 머물 수 있다.

특히 사람 중에 방랑생활을 많이 하는 사람들을 보면 지신과 합의가 이루어지지 않아서 일어나는 경우라 할 수 있다.

지신은 땅속이라면 어디든지 있는 것이며 지신을 다루는 신은 산신이다. 그래서 사람들은 가끔 산을 가는 것이다.

인간이 건강하고 잘 살기를 원한다면 지신을 통해야 한다는 것을 알아야한다.

가끔 우리는 집에서 수맥이 흐른다고 하는데 그것은 당연하다. 地神은 水神과 통하기에 물이 흐르는 것이다.

그러나 사람들은 수맥이 흐른다고 걱정을 하는데 물이 흐르는 것이 당연하다. 어느 곳이든 물이 흐르지 않는 곳은 없다.

지신과 친하다면 풍수는 저절로 알게 된다. 풍수는 말 그대로 바람과 물이기에 서로 통하는 사이이다. 그래서 풍수지리를 안다는 것은 지신과 대화를 할 줄 알아야한다. 그러나 사람들은 이론적으로 풍수지리공부를 하는데 매우 잘못 배우는 행동이다. 지신은 우리에게 많은 교육을 하고 있다.

인간과의 관계를 가장 가까운 관계로 같이 살아가는 것이며 지신의 마음을 알지 못한다면 인간이 병이 걸리거나 행복할 수 없다.

그래서 이사를 가든 땅을 사든 지신과 가까운 사이가 되었을 때 도움을 받을 수 있다. 보통 지신은 그 나라의 국운을 알려주며 신들 사이에는 항상 앞장을 서는 신들 중에 신이다. 지신은 하늘에서 가장 현명한 신이다. 그 나라의 흥망은 땅의 기운을 통해 알 수 있는 것이며 지신을 무시해서는 사람이 살 수 없다.

그래서 집을 지을 때나 집을 살 때는 지신의 마음을 알아야한다.

그러나 대화하기는 어려울 것이다. 다만 영을 통해서는 충분히 대화를 할 수 있다. 영성공부를 한다면 누구나 쉽게 지신과의 대화를 이끌어갈 수 있다.

지신은 항상 점잖은 신이다. 그러나 인간들이 자연을 훼손하면 그때는 인간들이 정신을 차리도록 혼내는 신이다. 그러므로 인간은 지신의 말을 듣고 살아야한다.

지신과 친하다면 달리기를 잘 할 수 있다.

지신은 몸에 있는 다리를 책임지는 신이다. 이런 것쯤은 알고 살자!

하늘의 공사장

인간이 살아간다는 것은 인간을 만들어가는 공사장에 있는 것이다. 얼마만큼 기초가 잘 되어있느냐에 따라서 그 상황은 틀려질 것이다.

지금 돌아보라. 나의 기초는 잘되었는지 기초가 잘되어있다면 어떤 면이 잘되어있는지 인간은 미래를 위하여 살아가기에 미래를 항상 만들어가는 것이다.

그렇다. 깨달음의 공부는 기본이 되어있어야 하루아침에 성인 되어 가는 것이다.

나를 죽여야 내가 산다는 것을 알게 되는 공부가 깨달음의 공부다. 그래서 깨달음의 공부는 항상 공사하는 것이다. 죽을 때까지 집을 짓는 것이다.

다만 인간이기에 공사한다는 것을 모르고 산다. 깨닫고 나면 무엇이 잘되었는지 알게 된다. 이 순간을 위해 영적공부를 하는 것이다. 그래서 영적으로 공부하지 않는다면 氣나 靈과 神의 세계를 알지 못한다.

지금 우리나라의 여러 가지로 강의를 하는 곳이 많은데 영의 세계를 모르고 하는 것이다. 그러므로 어떠한 프로그램을 갖고 가르치는 사람들이 문제인 것이다.

책으로 공부하는 것이 아닌 영의 세계를 책으로 한다면 결과는 뻔하다. 항상 해봐야 수박 겉핥기 공부이다. 이제 여러분들은 진정 영의 세계의 공사장으로 들어가야 우주의 기운을 전해주고 진실된 진리를 알게 된다.

하늘의 공사장으로 여러분들을 안내하고 있다. 이제 어떻게 해야 하늘의 공사장으로 들어갈 수 있는지 말하고 싶다.

우선 하늘의 공사장은 마음이 아픈 사람일수록 들어가기 쉬우며 자신을 버린 사람이 들어가기 쉬우며 지식은 없어도 하늘의 기운을 받아 세상을 위하여 쓴다는 마음을 가질 때 쉽게 공사장으로 들어갈 수 있다. 또한 가진 것이 없는 사람들이 들어가기가 쉬운 것이며 세상 원망을 많이 한 사람일수록 들어가기 쉬운 것이다.

그만큼 하늘의 공사장으로 인도하는 하늘이 자신을 인간세상에서 살지 못하도록 망가지게 하는 것이다. 누구나 갈 수는 없지만 고통을 많이 받은 사람일수록 쉬운 것이다. 오늘도 하늘에서는 인간들을 제대로 만들려고 공사하고 있다.

인간들을 통하여 천지공사를 하게끔 하는 것이 하늘인 것이다. 이제 여러분들은 조금 이해를 했을 것이다. 결국 세상에서 마음을 아프게 하며 살아가는 사람들에게 조금이나마 위안과 하늘의 소리를 전해 주는 것이다.

인간이 원하는 만큼 이루어진다는 것은 하늘의 도움이 절실히 필요하다는 것을 알아야한다.

이 점만 절실하게 알고 생활한다면 하늘의 공사장에서 한몫을 할 것이라고 본다.

너는 아느냐

하늘은 모든 것을 용서해 주면서도 하늘의 지혜를 한 가지라도 알아 살기를 원한다. 인간은 아는 만큼 살아가는 것이다. 하지만 우주의 기운을 안다면 무한한 지혜로 살아갈 수 있다.

하늘의 기운을 읽지 못한다면 인간은 학교를 다니게 되는 것이다. 그래서 대학교를 가기 위한 공부를 하게 된다. 『도반 2편』에서 말했듯이 하늘은 영성으로 내려주는 곳이다. 물론 하늘의 공부는 1등, 2등이 없듯이 자신의 공부만 한다면 평생 살아가는데 있어 공부한 것들이 하나도 버릴게 없이 지혜롭게 남을 도와주며 살아갈 수 있다.

물론 하늘의 공부를 통해 알 수 있는 것이 많은 것 같으나 결국 '인간이 아는 것은 아무것도 없구나'를 아는 것이 하늘의 영성, 깨달음의 공부이다.

하늘은 가끔 나에게 질문한다. 아는 것이 있다면 무엇을 알았느냐 하고…. 그럼 나는 이렇게 대답을 한다. 처음 공부할 때는 아는 체를 하지만 지금은 아는 것이 없다는 것을 알았으며 아직도 공부할 것이 많다는 것을 알았다고 말한다.

그러면 하늘은 이렇게 답을 해 주신다.

"그렇다. 너희가 아는 것이 없다고 말하는 것은 알고 있는 것이며 안다고 하는 것은 모르는 것이며 모르고 있다는 것을 안다는 것은 깨달았을 때 아는 것이다"라고 말씀을 내려주신다. 그래서 하늘은 인간이 안다고 한다면 싫어하신다.

하늘은 인간 누구나 하늘의 소리를 듣고 살아가기를 원한다.

아는 것이 중요한 것이 아니라 아는 만큼 생활 속에 실천을 하고 살아가야한다.

지금 우리나라는 아는 만큼 남을 속이며 살고 있다. 이런 사회를 하늘에선 원하지 않는다. 지금 자신이 아는 것이 있다면 무엇을 알고 있는지 정검을 해보라. 정검을 해본 뒤 자신이 아는 것이 나를 위해 사회를 위해 얼마나 필요한지 스스로 평가해 보라. 알고 있는 만큼 표현을 하지 못하고 살아갈 것이다.

하늘은 스스로 체크하기를 원하고 또한 발전을 위해 도움을 주고 있다.

이제 여러분들은 세상을 살면서 어떠한 것을 알고 살아가야 할 것을 알고 살아야한다.

1. 인간은 모르는 것이 많기에 항상 하늘에 감사의 기도를 하며 살아야한다.
2. 아는 것을 자랑하지 말아야한다.
3. 모르는 것을 창피하다 생각을 하지 않아야한다.
4. 육으로 아는 것보다 정신적으로 알아야 편하다는 것을 알아야한다.
5. 죽음을 두려워말고 죽음도 하나의 생이라는 것을 인식하고 살아야한다.
6. 인간은 '하늘의 기운으로 살아간다'라는 것을 잊지 않아야한다.
7. 인간은 본래 선했기에 그 기본을 갖고 살아야 하는 것이 원칙이다.
8. 인간은 우주의 원리를 알고 사는 것이 원칙이나 기본을 알고 살아야한다.

웃기지마라

어느 날 나는 우주의 기운을 받기 위해 우주 속으로 들어갔다.

과연 누가 우주 속으로 먼저 들어가 봤는지가 궁금했다. 들어와 보니 아무것도 보이지 않았다. 우주에 가면 무엇인가 보이는 줄 알았다.

인간의 눈으로 볼 수 없다는 것을 알았다. 이제야 나는 우주는 마음의 눈으로 본다는 것을 알았다. 마음의 눈은 우주의 기운으로 만들어지는 것이다.

다행히 나는 우주의 기운으로 마음의 눈이 결정체가 되어 이렇게 우주의 깊은 곳으로 들어온 것이다.

우주 속으로 들어가려고 하는 사람들이 많은데 이제야 나는 우주의 기운을 받고 그 기운으로 영성공부를 하고나서 들어가야 한다는 것을 체험하니 깨달음의 기운이 무엇인줄 알게 된 것이다. 그렇다. 우주의 기운을 다룬다는 것은 인간이 다루는 것이 아니라 그것조차 우주에서 기운을 돌린다는 것을 알았다.

이제, 기운을 돌린다는 것은 인간이 하는 것이 아니라는 것을 알고 영성공부를 해야 하는 것이다.

영성공부라는 것은 인간이 하는 것이 아니라는 것을 알 때 우주 속으로 자신의 혼이 들어간다는 것을 느낀다. 인간이 우주의 기운을 알고자 우주로 간다는 것은 참으로 웃기는 일이다. 육이 아닌 영혼이 들어가는 것이다.

인간은 육과 혼이 들어 있는 것처럼 육은 땅이요, 혼은 우주의 기운인 것이다.

혹시 깨달음의 공부를 하는 사람이 있다면 우선, 정신을 우주에 맡겨야 한다는 것을 했느냐가 문제가 된다. 우주에 맡긴다면 분명 인간은 하늘의 도움을 받아 깨닫게 된다.

인간이 깨닫는 것은 자신의 정신이 우주의 기운으로 완전히 가 있을 때 이루어지는 것이다.

나는 이렇게 생각을 한다. 지금도 자신을 버리지 못하고 영적생활을 하는 사람들이 있는데 자신을 버리고 다시 시작해 보라고 하고 싶다. 그러나 인간은 자신의 생각이 너무 많기에 그 수준까지 가지도 못하고 도중에서 하차를 하게 되는 것이다. 지금도 세계에는 이런 사람들이 너무도 많다.

웃지 못 할 일이다. 여러분도 생각해보라! 한 인생이 그렇게 망가진다면 얼마나 속이 터지는 일인가?

그 만큼 웃기고 있는 것이다. 아직도 깨달으려고 이상한 생각을 한다면 그것은 깨닫는 것이 아니라 자신의 공상을 더 할 뿐이다. 이제 우주의 기운을 안다는 것이 무엇인지 알았을 것이다.

그렇다면 어떻게 우주의 기운을 알며 살아야 하는가? 궁금할 것이다. 쉬우면서도 어려운 것이 우주의 기운으로 들어가는 것이다. 종교를 갖고는 절대로 깨달을 수 없다. 그것은 지식을 많이 터득하는 것이다.

이것을 깨달았다고 하는데 우주에서는 웃기지마라 한다. 우리나라에도 그렇게 웃기는 인간이 많다. 세계적으로 보면 훨씬 많을 것이다. 물론 우주는 자신의 편이다. 그러나 우주는 다 보여주지 않는다. 그것이 문제이다.

형제처럼

세상이 형제처럼 지낸다는 것은 인류의 화합을 이야기 한 것이다.

형제라는 뜻은 하늘과 하늘을 나타내며 서로 아낌없이 주고 나누는 것을 이야기한다.

그러나 요즘 세상은 모두들 그렇게 살지 않는다.

서로 어릴 때는 의지하고 살지만 서로 어른이 되면 원수로 돌변하는 사람들이 한둘이 아니다.

어떤가. 당신은 형제와의 관계가 원만한가? 그렇게 쉬운 것은 아닐 것이다.

평생 식구로 살아간다는 것은 어렵다. 그것은 사회가 만들어가는 것도 있지만 자신들의 마음의 변화가 그렇게 만들어 가는 것이다.

신들도 서로 어려울 때는 돕고 산다. 인간은 신에게도 많은 교훈을 받아야한다. 신은 인간이 죽어 생긴 것도 있지만 짐승이 변해 신이 된 경우도 있다.

자신의 모습을 보라. 동물이 변해 지금의 자신의 모습이 아닌가?

인간은 거의 동물과 짐승의 윤회가 보여 주는 것이다.

인간은 같이 살아야 한다는 것은 알고 있다. 그러나 같이 산다는 생각만 있을 뿐이다. 이제 우리부터 형제라는 것을 마음에 담고 살아야한다. 영들은 형제를 가장 중요시한다.

영의 세계를 보면 같은 차원의 영들 끼리 살아가는데 인간은 같은 차원을 별로 달갑게 생각을 하지 않는다. 자신보다 못한 사람이나 자신보다 나은 사람을 선호한다. 인간은 높고 낮음이 없다. 그리고 잘난 사람 못난 사람이 없다. 규정을 갖고 사는데서 모순이 있는 것이다. 세계의 형제가 되기 위해서는 영들처럼 서로 의지하고 서로 도와주며 서로 믿는데서 할 수 있는 것이다.

모두가 형제가 되자. 인간이 살아가는데 있어 가장 중요하다.

우린 서로 잘 살아야 한다. 그러나 지금 현실은 잘사는 사람과 못사는 사람과의 차이가 너무 크다. 사이를 좁혀가는 사회를 만들어가자. 형제처럼 살아가자. 우리는 모두 형제다. 형제는 서로 잘 살 수 있다.

영을 이해하고 긍정하면 서로 형제가 될 수 있다.

그것이 인류화합의 최고의 목표이다.

'형제다'라는 마음 그것이 인류를 살리는 것이다.

빠져버려

'인간은 어디에 빠져 사는 것일까'하고 누구나 반문을 할 때가 있다.

나 역시 가끔 그렇게 사는 것 같다.

언젠가는 인간이 어디에 빠져 살아야 하는지 알 수 있을 것이다, 지금 우리네 세상은 빠져 살 것이 너무도 많은 세상이다. 우선 돈에 노예가 되고 자식에 빠지고 대학에 빠지고 그 어떤 것에 빠져 나름대로 산다.

'당신은 무엇에 빠져있습니까?'하면 무엇이라고 대답을 해야 하나 나는 딱 한 가지이다. 다만 이해를 하는 사람이 얼마나 있을까 하는 생각이 앞선다.

우선 나는 나보다 남을 위해서 사는 길이 무엇인가 하고 생각을 하고 산다고 한다. 그러나 그렇게 쉬운 것은 아니다. 여러 가지 오해로 많은 나날을 살아왔다.

이제 독자 제위께 하고 싶은 말은 우선 나라와 민족을 위해 무엇을 할 것인가부터 생각을 해보라 하고 싶다.

인간은 무엇인가 원하고 산다. 그러나 그것이 잘되지는 않고 있다.

어느 것이든지 미쳐야 한다. 다시 말해 푹 빠져버려야 그 냄새를 몸에 익힐 수 있다.

인간의 종말은 어디까지인가? 아마 인간의 종말은 정신적으로 쇠약해 있을 때가 종말이 오는 것이다. 지금 우리나라의 정신이 점점 그렇게 변하고 있다.

누구나 언젠가는 정신을 잃어버릴 때가 있을 것이다. 물론 정신은 자신이 만드는 것이 아니므로 하늘에 부탁을 해야 한다.

인생이란 것은 정신 속에서 사는 것이니 만큼 정신을 차려야한다.

사실 인간은 깨닫고 깨닫지 못하고는 문제가 되지 않는다.

그러나 사람이란 동물은 깨닫기 위해 살고 있다.

지금 나는 사는 것이 즐겁다. 그 이유는 아직도 깨달을 것이 너무 많아 그런 것이다.

그러므로 깨닫는 것이 하루하루를 즐겁게 하는 것이다.

깨닫고 사는 것을 하늘은 원하고 있다.

자신의 내면에 빠져 살아야한다.

자신을 안다면 다 아는 것이기에 종교나 교리나 성경, 불경을 알지 못해도 마음이 편해진다. 인간의 도리는 내면에 있는 기운을 알고 사는 것이다.

아직도 자신을 모르는 사람이 많기에 세상은 돌아가는 것이다. 세상이 돌아가기에 인간은 거기에 따라가는 것이다. 그것이 순리이다.

우리는 빠져 살아 가야한다.

과연, 어디에 빠져 살아야 바로 사는 것인가 생각하니 우선 미래를 위해 일에 빠져 살아야한다 물론 각자 하는 일이 다르기에 하는 일에 빠져 살아야한다.

자신의 일이 무엇을 선택해야 할지 모르는 사람은 힘이 들 것이다. 그럴 때는 여러 가지 일을 해보라. 자신과 적성이 같은 것을 찾게 될 것이다.

만약 하는 일이 안 될 때는 자연에게 부탁을 해보라. 자연에게 나의 소망과 슬픔을 고백한다면 그 누구에게 부탁을 하는 것보다 편안할 것이다.

자연은 인간보다 아는 것이 훨씬 많다. 인간의 스승은 자연이다.

인간이 자연과 함께 빠져 사는 것이 가장 좋은 삶이다.

흑기사

저기 몽골에 가면 우리와 흡사하게 생긴 민족이 있다. 역사 속에는 부족들이 많이 다투고 살았다. 이제 그들은 부족이 합쳐 나라를 만들어 살고 있다. 거기에는 유명한 사람들이 부족을 위해 헌신하신 분들이 하나 둘이 아니다.

그렇듯이 세상 돌아가는 것은 한 사람만의 힘으로는 할 수 없는 것이다.

누구나 흑기사 같은 마음을 갖고 살아야한다.

다만 민족이 잘 사는 것을 원칙으로 흑기사가 되어야한다. 아무래도 흑기사는 영적으로 밝아야 하며 예지 능력이 있어야한다.

인간이라 하늘에서 아무리 능력을 주어도 인지하지 못하고 사는 사람이 대부분이다.

하늘은 누구나를 원하고 있는 것은 사실이나 인간의 두뇌로 판단을 하기에 항상 발전이 없고 그 자리에 머무르게 되거나 뒤로 돌아가는 형국이 되는 것이다.

우리 인간이 여자나 남자만 흑기사가 되려면 마음을 어떻게 두느냐에 따라서 이루어질 것이다. 단 흑기사가 한 명이 아니라 많은 이들의 지혜를 모아야 하는 것이다.

그러나 지금의 한국은 어떠한가? 서로 흑기사처럼 생각을 하고는 있지만 행동은 졸개나 다름이 없다. 이제 우리민족은 다시 뭉쳐야 한다. 그렇지 못하면 지금까지 해온 것들이 무로 돌아가게 된다.

이제 조상의 얼을 받들어서 바로 살아야한다.

언젠가는 우리나라도 강대국이 되어야한다. 그래서 세계를 흔들고 당하는 나라가 되어서는 안 된다. 그러나 우리의 현실은 나쁜 곳에 정신을 팔고 있다.

흔히 자신만을 생각하고 남을 이롭지 못하게 하는 마음이 싹트고 있는 실정이다.

다시 한번 인류를 생각하고 자신의 비전(vision)을 생각하고 생각할 때이다.

우리 국민이 혹기사의 정신을 배워야하고 따라야한다.

그럼 혹기사의 정신은 무엇을 말하는가?

첫째로는 자신의 운명을 민족이나 나라에 돌려야한다.

두 번째는 자신의 능력을 키워야한다.

세 번째로는 흉이 없어야하며,

네 번째로는 말을 함부로 하지 않아야한다.

우리나라는 현재 함부로 말하는 사람 때문에 나라의 발전을 막고 있는 실정이다. 이렇게 혹기사의 본성을 깨달아야 한다. 혹기사는 그렇게 어려운 것은 아니다. 상대방을 칭찬하고 이해하는데서 혹기사의 사명을 알게 되는 것이다.

난 그렇게 생각한다. 우리 민족이 누구나 혹기사의 정신을 갖고 있다면 빠른 시일에 세계강국이 된다고……. 그래야 하늘에서도 기뻐하고 즐거움을 우리 민족에게 줄 것이다. 혹기사가 되자. 혹기사가 되자. 우리는 할 수 있다. 하늘의 은총을 받은 나라이기 때문에 할 수 있는 것이다.

기타 치는 사나이

나는 가끔 잘은 못 치지만 기타를 들고 노래를 한다. 물론 하늘노래다. 영적으로 받아 한국어로 통역해서 아픈 사람이나 마음이 허전한 사람들을 위해 한다. 아마 이렇게 하는 사람이 드물 것이다.

배우지 않았어도 나에게는 인간이 하지 못하는 길을 열어주고 가르치고 있는 것이다. 나는 그것을 사회에 활용을 해서 사람이 살기 쉽게 인도하고 있다.

그래서 사람들이 이해하는 데는 쉽지 않을 때가 많이 있다.

하늘은 수많은 노래가 있다. 작곡과 작사가들이 만드는 곳은 영혼 속에서 만들어지는 것이다.

그래서 나도 노래 만드는 것을 어렵게 생각하지 않는다. 마음만 먹으면 하늘에서 무수히 만들어 주기 때문이다. 넘버만 부르거나 주문을 하면 하늘에서 즉석으로 해준다. 묘한 일이 펼쳐지는 것이다. 그래서 이제는 한 스무 장 정도의 곡을 만들려고 한다. 물론 명상이나 깨달은 참선할 때 쓰여지는 곡이다. 음악만 들어도 깨달을 수 있는 수준의 노래를 들려주고 싶다.

나는 나도 모르게 어릴 때부터 음악을 좋아하게 되었는데 우주는 소리로 구성이 되어있어 그런 것을 느끼며 살고 있다. 사람은 음악 속에서 살고 있는 것이다. 오늘도 우리는 음악으로 하루를 보낸다고 해도 과언이 아니다. 하늘에 유체이탈을 통해 올라가 보면 무수한 숫자의 노래가 있다.

자연 속에도 음악이 흘러나오고 음악이 없는 곳이 없다.

중학생 정도면 어느 정도 자기 노래는 반주를 해서 부를 줄 알아야 한다.

그래서 부모님들은 피아노와 바이올린을 가르치는 것이다. 우리 것을 가르치는 것도 중요하다.

그래서 하늘의 소리, 천상의 소리는 더 감미로운 것이다. 사람의 귀를 더욱더 즐겁게 하기 때문이다. 이제 독자 제위께 천상의 소리를 들을 줄 알아야 한다고 말을 하고 싶다. 이제 『도반 3편』을 쓰며 하늘의 소리를 전달하고 있지만 한자 한자 하나의 글이 음악으로 승화해 변해서 들린다면 더없이 행복할 것이다. 나는 기타친다고 어릴 때 많이 부모님께 맞았다. 결국 나는 하늘의 소리를 전달하게 위한 것인데 부모님은 그런 것을 모르고 그런 것이다.

이제 여러분들은 누가 음악을 한다고 한다면 하라고 도움을 주는 사람이 되라. 가정의 평안이 찾아올 것이다. 음악은 영혼을 부르는 소리이기 때문이다.

문을 닫아라

사람의 영혼은 어디에서 오는 것일까?

사람이 배짱이 없다면 못 살듯이 내면의 소리인 것이다.

내면의 소리는 우주에서 오는 것이다. 우리는 알게 모르게 우주의 소리를 갖고 살아가고 있다.

자신을 모른다면 인간은 항상 답답하다.

그러나 스스로 마음을 다룬다면 열기도 할 것이며 닫기도 스스로 할 것이다. 스스로 하늘의 문을 열고 닫는 것은 '하늘과 하나가 되었다'라는 뜻으로 이해를 하게 되며, 고통이나 좌절 그리고 설움과 괴로움은 사라진다.

그래서 인간은 하늘을 알아야 하는 것이다.

자신의 마음의 문을 열어야 닫을 수 있는 것이기에 인간이 살아간다는 것은 자신의 마음을 열어가는 법을 알고자 하는 것이다. 이제 여러분들은 스스로 자신의 양심을 속이지 않았나 생각을 해보라. 양심을 속일 때마다 마음이 열리지 않을 것이다.

하늘의 문은 가까이 있다. 멀리 있는 것으로 착각을 하지 않았나 생각해 보라.

나를 속인다면 다른 사람에게 속이는 것보다 더 큰 근심이 생길 것이다.

인간이 살아간다는 것은 영혼의 기운을 펼치는 것이다. 당신이 영혼이 살아있다면 그것을 소중히 생각해서 그 영혼을 잘 써야 할 것이다.

영혼을 잘 써야 한다는 것은 자신을 잘 다스리는 일이며 자신을 발전시키는 일이다.

그리고 상대방의 마음을 알아 산다면 그것은 열고 닫는데 소중한 기운일 것이다.

인간은 신기한 것을 좋아한다

인간은 신기하거나 오묘한 것을 좋아하는 코드가 들어있다.

스스로 뇌호흡을 하기에 알 수 있는 것이며 어디까지 신기한 것을 느끼냐 하는 데서 인간의 한계를 알 수 있는 것이다.

인간의 한계를 지나올 때 하늘과 같이 할 수 있는 것이며 동행을 하는 것이다.

보라. 당신은 어떤 재미로 살아가는가? 음식 아니면, 돈 아니면, 아파트 이렇듯 사람은 여러 가지 유형의 사람이 있다. 다시 말해 재미를 느끼고 살아가는 것이다.

다만 인간의 한계가 지나면 이런 것을 가지고 재미있어 하지는 않을 것이다.

난 하늘의 소리를 듣고 난 후 신기한 것이 많이 없어졌다. 하늘의 소리를 듣고 나면 인간은 신기한 것을 점점 아무것도 아니라는 것을 알게 된다.

그만큼 마음이 넓어지는 것이다.

단 소리를 듣지 못한다면 매일매일 답답할 것이다.

어린아이가 태어나는 것도 신기한 일이며 사람이 죽는 것도 신기한 일이나 태어남은 즐거워하고, 죽음은 두려워하거나 슬퍼하는데 그 두 가지의 차이를 하늘에서는 같은 소리로 들려준다.

그래서 여기서는 인간이 판단을 하는데 있어 얼마만큼 잘못되었는지 알 수 있는 것이다.

난 이렇게 생각을 한다. 신기한 일이 있다면 그것을 내 마음 속에 담아두는데 인간들은 오히려 할말이 있어도 울화통이 터져도 상대방을 위해 담아둔다. 이것은 영과 인간과의 차이가 확연히 나타나는 것이다.

봄이 온다는 것은 겨울을 사랑했기에 그 즐거움을 통째로 하늘에서 주는 것이다.

그러나 인간의 머리로는 겨울을 사랑한 것이 아니라 빨리 봄이 왔으면 하는 마음을 하늘에 자신도 모르게 보여주며 살았기 때문이다. 그러나 그것을 모르기에 자연을 그냥 따라가는 것이다.

그렇다. 인간은 자연의 신비함 속에서 많은 것을 터득하면서 살아가는 것이며 또 그 원리를 긍정하며 원리를 마음속에 담아 놓아야한다.

인간이 살고 죽는 것은 자연을 얼마나 아느냐에 따라 즐거움이 살아오는 것이다.

난 항상 즐거움을 살게 하고 싶은 마음이다. 그러나 쉬운 것은 아니다. 항상 모든 것이 신비하다고 느낄 때 인간은 발전이 되는 것이며, 또한 신비함이 같이 동행할 때, 인간은 즐거움이 하늘에서 내리는 밧줄처럼 끊어지지 않는 것이며, 그러므로 하늘과의 연결이 즐거움을 극대화 시킬 수 있을 것이다.

하늘은 인간에게 신기한 것보다 하늘이 인간에게 신기한 것을 느끼고 싶어 한다.

그 이유는 하늘은 이미 알고 있기 때문이다.

깨닫게 되면 쉽게 생각을 할 수 있을 것이다.

온 세상이

평화, 평화, 평화 세상사람 누구나 원하며 인간의 마음에 항상 담아있는 소리이다.

하늘의 문자로 평화를 해석한다면, "하늘과 땅 서로 주고받는 소리로 인간이 서로 같이 하늘처럼 행동 하는 것"이다.

이렇게 해야 된다. 말로만 하는 평화는 어렵다. 평화를 위해선, 인간의 소리와 하늘의 소리를 합쳐서 토해낼 때 이루어지는 것이다.

이렇듯 온 세상이 평화롭게 발전되고 인류가 공존하기 위해서는 같은 마음이 있어야 하며, 같은 생각이 공유해야 한다.

우주는 모든 사람들이 좋은 세상을 만들기를 원하고 있으며 특히 서로 전쟁은 없어야 한다고 말을 하고 있다. 그러나 인류가 시작된 후 인간은 항상 싸움과 시기로 전쟁을 일으켰다.

서로 인간끼리 생각이 틀리다고 무시하거나 노예로 만드는 경우도 있고 하인을 두고 사는 경우도 있었다. 사람이 산다는 것은 자신혼자 살 수 있는 것이 아니고 어느 것이든 도움을 받아야한다.

그러므로 인간은 항상 자연의 도움을 받고 살아야한다.

온 세상은 자연으로 덮어져 있다고 해도 과언이 아니다.

마음을 바로잡기 위해서는 자연을 사랑하는 생각이 있어야한다 자연은 모든 것이 연결이 되어 있기에 그 연결이 우주로 연결이 되어 있다.

이제 여러분들은 몇 가지 알고 살아야 한다.

경험이 풍부해야한다. 한 가지도 좋지만 여러 가지 재능이 있어야 하며 즐길 줄 알아야 하며, 이해를 해야 하며 남의 말을 존중해야 하며 유식한 체를 하지 않아야 하며 잘난 체를 하지 않아야 한다. 또한 용서를 해줄 줄 알아야하며 상대방이 무엇을 원하는지를 알아야 한다. 그래야 온 세상이 흰눈에 덮인 것처럼 될 것이다.

중국과 일본

나는 가끔 이런 생각을 한다.

하늘이 주는 메시지는 한국편이 아니다. 한국이 무엇을 잘못했는지는 몰라도 중국과 일본에게 많은 기운을 주는구나하고…….

그래서 하늘에 물어보았다. 도대체 중국과 일본은 발전이 되는데 한국은 이렇게 많은 고통을 주느냐고…. 그러면 하늘에서 이렇게 답을 해준다.

"중국은 아직 미완성의 나라지만 그래도 앞으로는 세계 강국이 될 것이다"라고, 일본은 우리민족의 기운을 많이 받은 나라로 우리나라의 기운을 많이 빼앗은 나라로, 이렇게 나에게 귀띔을 해준다.

그럼, 어떻게 중국은 발전이 되는 것인가? 중국은 이제 몸으로 치면 간이 부은 나라라고 한다. 일본은 간 그리고 심장이 부은 나라라고 말을 한다.

우리나라 한국은 쓸개를 잃어버린 나라라고 말을 한다.

이런 말을 들을 때 나는 너무 마음이 아팠다.

여러분들은 이런 소리를 듣는다면 어떤 생각을 할 것인가? 그렇다. 우리 것을 찾지 못한다면 우리의 쓸개는 찾을 수 없을 것이다.

내가 이런 글을 쓴다는 것이 '아직은 우리에게도 희망은 있다'라고 나는 생각하게 됐다.

그 이유는 한국 사람이 모두 하늘의 천기를 받는다면 쓸개도 100개 이상 간도 1,000개 이상 소유할 수 있기에 영성으로 살아야 한다고 생각하게 되었다.

중국은 영적으로 표현하면 '나의 가슴을 열어주는 나라'라는 뜻이다.

일본은 신을 모시기에 신들의 조화로 인해 많은 기운을 받는 뜻이다.

우리도 우리민족의 영혼을 받아 살아야한다. 우리민족의 기운을 바로 알아야 한다.

나는 아는 것은 없지만 우리민족이 가야 할 길을 알고 있다. 그 길은 아주 간단하고 쉽다.

우리조상을 바로 모시고 집집마다 국조단군님께 매일 문안인사를 해야 한다.

청와대에도 단군을 모시고 참배하고 어디든 참배하는 곳으로 만들어야한다. 그래야 조상의 기운을 받을 수 있다. 조상들이 하늘에 우리민족의 형편을 고해 우리민족이 살아가는데 힘들지 않게 할 것이다.

어떤가? 나의 생각이 동감을 하는 사람이 많을수록 한국은 영원히 발전을 할 것이다.

『도반 2편』에도 말을 했지만 한 번 더 강조하지만 단군은 종교가 아니라 국조일 뿐이다. 기독교 그리고 불교 그 외 종교가 하나로 될 때 한국은 발전할 것이다.

아직도 우리나라에는 선각자가 없다. 오히려 종교로 인해 서로 사람을 갈라놓을 때가 많다.

이 점을 여러분들이 알아야 하는 기본일 것이다.

인권문제가 사람이 살아가는 데는 가장 중요하다. 같은 종교를 갖은 사람끼리만 통하는 나라, 서로 이기주의가 있는 나라 이런 나라를 종교로 인해 통합을 해야 한다. 이것은 우리 민족이 영원히 함께 가져갈 숙제인 것이다.

그래야 통일도 쉽게 되고 남북한이 합쳐질 때 중국과 일본을 이길 것이다. 영적으로 강국이 될 때 인간은 강해진다. 영이 강하지 않고서는 잘살 수 없다 그것은 마음뿐이다.

총각무

김치, 김치, 김치가 갑자기 소리 지른다. 못살겠다고 함부로 먹을 거리를 농락하는 나라.

김치가 화났다. 지금까지 건국 이래 수년 동안 이용해 먹다가 김치를 통해 이간질 하는 나라. 이렇게 소리를 지르며 등을 돌린다.

총각무도 물론 회충 편충이 붙어 있다고 한다. 그러나 먹어도 괜찮다고 한다. 과연 어느 것이 옳은지 온 국민은 정부를 못 믿어 갈팡질팡한다.

이것이 웰빙인가? 웰빙이라는 단어를 아무 곳에나 쓰다보니 이런 현상이 일어나는 것이다.

웰빙을 바로 알고 쓰자. 웰빙은 하늘에서 이렇게 말한다.

웰빙은 자연의 순리대로 사는 것이다. 자연의 순리를 지켜온 우리 조상이 웰빙의 선두 주자이다.

나도 김치를 잘 담아먹는 사람 중에 한 사람이다.

과학이 발달될수록 웰빙하기가 힘들어진다. 결국 사람의 입으로 들어가는 숫자가 적어진다.

먹을거리가 너무 많아 그렇게 하는지는 몰라도 우리민족은 언제든지 김치를 먹어야한다. 김치가 좋은 이유는 잡신을 쫓아내는 기운이 들어있다. 김치를 먹지 않는다면 우리나라는 잡신이 나돌아 많은 사고가 날 것이다. 치한이 생겨나고 사기꾼도 몇 배로 늘어나고 살기 힘들어진다.

김치는 우리에게 많은 사랑을 가르쳐준다. 서로 나눠먹고 서로의 기운을 주고받는 데는 최고다. 요즘은 김치를 담아도 옆집을 준다는 것이 마음에 내키지 않을 것이다.

그럼 서로 이웃이 정들려고 해도 어려운 관계로 변한다. 김치문화를 아무렇게나 생각하다가는 우리민족이 가야할 길이 보이지 않는다. 서민들이 즐겨먹는 것이 김치가 아닌가? 특히 겨울에는 김치찌개로 한 가족이 웃음을 찾는다.

아마 라면을 먹어보지 않은 사람은 드물 것이다. 라면은 김치와 궁합이 제일 좋은 관계이다.

김치가 안 팔리면 라면도 안 팔릴 것이며 고춧가루도 그럴 것이다. 총각무는 사람의 기운을 바꾸는 데는 최고의 음식이다.

금년에는 총각무와 함께 김치를 많이 담아야한다. 그래서 김치대신 총각무를 많이 먹자.

방귀뀌는 사나이

참으면 참을수록 나오는 것이 방귀이다.

방귀는 흔히 '소화가 잘되는 사람이 하는 오페라다'라고 말을 하는데 방귀는 인간의 마음에 탁한 것이 들어있을 때 내보내는 것이며 방귀를 참는 것보다 시원하게 빠바방 뀌는 것이 몸에 좋다.

그래서 그 속에 탁한 기운이 들어있기에 냄새가 진동한다.

몸에 이상이 올 때 방귀로 알려주는 것이다. 나쁜 기운이 들어있는 사람일수록 방귀를 자주 뀌게 되며 방귀를 자주 뀌는 사람은 등산을 해야 한다. 그래서 지기를 받아 자신의 몸을 제대로 들어오게 해야 하며 수술 후 방귀를 뀌어야 안심이 되는 것이다.

난 유난히 잡신이 많이 들어있어 방귀를 달고 다녔다. 그때에는 몰랐지만 우주의 원리를 알고 난 후에는 어떠한 것이든지 이유가 있다는 것을 알게 되었다.

지금은 뀌고 싶어도 소리가 나오지 않는다.

어린아이가 방귀를 뀔 때 자연스럽게 대해 줘야한다. 어른이 한다면 다하는 건데 하고 부드럽게 넘어가야한다. 특히 도를 닦는 사람들이라면 이해가 될 것이다.

방귀는 사람이 기운이 바뀔 때마다 나타나는 것이다.

온 세상이 한번에 방귀소리가 들려 서로의 기운이 같은 날이 되기를 난 기원한다. 난 오늘도 방귀를 뀌며 세상이 밝아지기를 원하고 있다.

제2장

빙고

와 찾았다

무엇을 찾는 것인가? 인간은 깨달음으로 가는 길도 모르면서 길을 헤매고 있는 것은 아닌가?

우리나라의 정신세계는 지금 어디로 흘러가는 것인가?

깨달음은 나와 상관없이 하늘에서 주는 것인데 그 자체도 모르면서 아는 체 하는 사람들을 보면 속이 뒤집어진다.

오늘도 깨달으려고 노력하는 사람들이 많은데 이것만은 알아야한다 나도 여러분들처럼 깨닫고자 여기저기 문을 두드렸다. 다시 말해 하늘을 모르고 살아온 것이다.

지금 생각을 해보면 어이없는 행동이었다. 아직도 우리나라에는 많은 사람들이 아까운 시간을 보내고 있는 실정이다. 특히 아무 실력이 없는 사람들로 인해 피해를 보는 사람들이 하나 둘이 아니다.

물론 모든 것은 자신이 책임을 져야한다.

남을 원망한다면 깨우침도 없고 깨달을 수도 없는 것이다.

앉아서 기다리는 형국이 되며 하늘을 원망하는 마음만 한없이 생길 것이다.

그래서 나는 이것을 깨닫고 어느 날 하늘을 찾기 시작했다.

하늘은 나에게 많은 고난과 시련을 내려주었다. 어려울수록 하늘을 찾듯이 인간이 하늘을 찾는다는 것은 당연한 일이다.

결국 나는 하늘과 하나가 되었다. 고통과 시련을 이겨 낸 것이다. 하늘은 그 시험을 통해 인간이 얼마나 견디어내고 인내심이 얼마나 되는지 테스트를 한 것이다.

드디어 나는 나도 모르게 하늘의 시험에 합격을 한 것이다.

시험 합격이 나를 깨닫게 해주는 것이다. 그래서 이제는 하늘의 소리를 하게 된 것이다. 지금 이 글을 쓰는 것도 하늘의 합격통지서를 대신하는 것이며 증거가 되는 것이다.

독자 제위도 나 같은 팔자가 있을 것이다. 그래서 아마 이 책을 읽게 된 것이며 그것을 부정한다면 깨달을 수 없을 것이다.

누구나 깨닫기를 원하고 있다. 하늘은…. 나는 찾아서 좋다. 신나는 일도 있고 즐거우며 세상 모든 것을 내 것으로 생각을 하게 만들어 주셨고, 상상도 못한 일들이 매일 매일 일어나고 있다.

인간으로 깨닫는 것은 할 수 없는 것이며, 하늘의 도움이 없이는 할 수 없다는 생각이 들 때, 깨달을 수 있다는 것을 알게 하는 것이 하늘이다. 우리가 바다를 가면 "와, 바다다"하고 흥분을 하듯이 나는 인간으로서는 도저히 생각을 할 수 없는 것을 이제 찾은 것이다.

단지 찾았다고 완성이라는 것은 아니다. 완성으로 갈 수 있는 길을 열은 것이다.

그러나 지금 영적공부를 하는 사람들은 찾지도 못했으면서 찾은 것처럼 살고 있는 사람들이 허다하다. 부디 하늘의 길을 찾아 깨달음으로 가기를 원한다.

나는 하늘을 알고 나서는 여러 가지로 생활이 변했다. 아니 지금도 변하고 있다.

하늘은 정말 대단하며 하늘은 인간에게 무한한 가능성을 알려주신다.

"와, 나는 찾았다."

여러분들도 찾기를 원한다.

인간의 성격

사람의 기운을 바뀌게 하는 것은 우주에서 내리는 기운 때문이다.

사람의 성격은 여러 가지 유형이 있을 것이다. 그것은 하늘에서 어떠한 기운을 받고 태어났는지를 알아야 된다. 인간의 성격은 자신이 만들어 내는 것이 아니므로 그것을 알려면 하늘에 있는 담당자에게 알아야한다. 그러나 그게 어디 그렇게 쉬운 일인가?

하늘과 통할 수 있는 사람이 되어야 알 수 있는 것이다.

그렇듯이 하늘은 인간들에게 발전을 하기위해 성격을 여러 가지로 내린 것이다.

물론 나에게 일어나는 현상 중에 여러 가지가 있지만 성질나게 할 때 발전이 온다는 것을 알게 한다.

그렇다. 하늘과 통한다는 것은 영적으로 통한다는 말이다.

웬만한 사람은 이해가 될 것이다. 하지만 아직도 자기의 고집을 내세운다면 새로운 길로 안내가 안 될 것이다. 이제 여러분들을 하늘의 길로 안내하려고 하는 것이다.

하늘은 종교가 없다. 인간이 만들어 낸 것이며 인간을 종교 속에 들여놓고 하늘을 알게 하는 것인데 잘못된 선지자가 안내한다면 세상은 온통 타락과 망하게 될 수도 있다.

잘못된 종교나 잘못된 선지자를 만나게 된다면 영영 잘못된 사상과 관념으로 세상을 살아가게 된다. 이 점을 가장 조심해야 하는 것이다. 인간은 '하늘이 자신의 성격도 만들어 주는구나' 할 때, 바른 성격이 되는 것이다. 다시 말해 마음을 다스려야 성격을 바꿀 수 있는 것이다.

나는 여러분들에게 이런 말을 해주고 싶다. 사람의 성격은 좋고 나쁘고가 없다.

그때그때마다 어울리는 성격이 있을 때 가장 잘 어울리는 성격이라고 말하고 싶다. 그래서 성격은 변하는 것이며 하늘을 알고 산다면 인간은 하늘같은 마음으로 살게 되는데, 하늘을 알고 그대로 실천하며 살아간다면 그것보다 좋은 성격은 없을 것이다.

다시 말해 인간이 갖고자 하는 좋은 성격은 이해하고 긍정하는 성격을 가져야 한다. 아는 것보다 머리 숙이는 성격과 자신의 마음과 타협하는 성격이 되어야한다.

그러므로 인간이 하는 최소의 방법은 부모와 하늘과 조상인 국조 단군에게 감사를 해야 한다.

이렇게 산다면 인간은 성격의 최고봉으로 다다를 수 있다.

훈수

인간은 옆에서 도움을 주는 것을 싫어하는 존재이다.

그것은 어리석은 행동이다. 인간은 언제나 어떤 것이든 도움을 주고 있다는 사실을 알아야한다.

어느 날 누가 장기를 두고 있다면 그곳에는 훈수를 하는 사람이 있을 것이다. 그러나 장기를 두는 사람은 훈수하는 사람에게 귀를 기울이지 못한다. 다시 말해 인간은 상대방의 마음을 알지 못하기에 자신이 판단을 못하는 것이다.

우리가 도를 닦고 깨달음으로 간다고 하지만 그것은 위선으로 남는 경우가 허다한 것이다. 인간은 신들의 훈수를 알아야 하며, 하늘의 소리를 들을 줄 알아야 한다. 그러나 인간은 그러한 소리를 들려줘도 듣지 못하기에 문제가 생기는 것이다.

그렇다. 나도 한동안은 그러한 소리를 듣지 못하고 살아왔다. 지금도 신들이 무엇을 원하는지, 신들이 어떻게 살라고 메시지를 주는지 알아야한다.

신은 인간이 태어나기도 전에 존재해 있었다.

신이 존재한다는 것을 잊고 사는 사람은 하는 일이 절대로 안 될 것이다.

신은 인간들에게 항상 잘되기를 원하고 그렇게 도움을 주고 있다. 그러나 인간은 그러한 세계를 모르고 사는 것으로 인해 신들이 도움을 주려고 해도 신경을 쓰지 않는다. 지금도 신들은 많은 활동을 통해 인간에게 좋은 기운을 주고 있다.

신들과 인간은 많은 조화 속으로 살아간다. 신과 합일이 안 된다면 인간은 점점 힘들게 된다. 특히 우리 조상들이 하늘에서 내려다 보며 한국이 잘되기를 원하고 있다. 어떤가? 이러한 사실을 알고 있는가? 아무리 인간이 잘한다 하고 있더라도 그 모두가 신의 도움이라는 것을….

언제든지 신들은 인간들에게 많은 것을 알려주려고 하고 있으며 인간은 그 속에서 살아갈 때까지 신들은 훈수를 줄 것이다. 그것을 안다면 이미 그것은 성공을 예언하는 것과 같은 것이다.

언제든지 인간이 노력을 하는 것도 기본이지만 신들의 활동으로 성공해야만 올바른 성공이다.

인간이 기도를 하는 의미도 여기에 있는 것이다. 신들은 인간이 잠을 잘 때 꿈을 만들어 주고, 꿈으로 인생을 바뀌게 하는 경우도 있다. 인간이 꾸는 꿈은 신이 하는 것이며 인간의 머리로 꿈을 꾸는 것은 자신이 바라는 것이다.

난 오늘도 단군할아버지가 앞길을 열어주신다. 난 아무것도 모르며 한 것도 없다. 그냥 훈수하시는 대로 따라 갈뿐이다. 이것은 무엇을 말하는 것인가? 인간과 신이 하나가 되었다는 말과 같은 것이다. 누구나 신과 합일이 됐을 때 영의 세계를 알 수 있는 것이다.

인간의 머리로는 영의 세계를 접근할 수도 없다. 그러나 이 책을 읽는 독자 제위는 머리로 하려고 하는데서 신과의 합일을 잃어버린다.

그래서 인간은 신과의 합일이 얼마나 중요한가를 알아야하며 특히 중생구제나 깨달음으로 가고자 하는 사람들은 특히 이점을 고려해야 한다.

우주의 소리를 듣기 위해서는 우주의 소리가 어떻게 생겼는지부터 알아야한다.

현실은 우주의 소리를 듣는다는 것은 상상도 안 될 수도 있다. 그러나 우주에서 자신에게 훈수를 들어준다면 가능하며 매일매일 대화를 통해 주고 받는 이야기가 있을 것이다. 지금도 나는 이렇게 우주의 소리를 글로 남겨놓고 있다. 과연 인간의 머리는 어느 쪽으로 방향을 놓고 있어야 하는가?

그것은 인간들에게 훈수를 하는 우주로 머리를 돌려야 할 것이다.

피리소리

난 가끔 노래방을 간다. 물론 나 자신을 위해서 가는 것이 아니라 신명을 즐겁게 하기 위해서 가는 것이다. 우리가 가끔 스트레스를 풀고자할 때 여러 가지 방법으로 풀어가는 데, 인간은 음악으로 풀어갈 때 가장 잘 풀어질 것이다.

특히 우리나라는 우리의 소리를 이해하지 못하고 남의 나라의 소리를 즐거워하는데 꽹과리, 북, 피리 장구소리가 하늘의 소리인 것이다.

하늘의 소리를 잃어버린 우리나라는 하늘의 소리를 먼저 찾을 줄 알아야한다.

초등학교에서 배우는 소리는 하늘의 소리이다. 그래서 초등학교에서 공부하는 것은 인간이 살아가는데 가장 소중한 공부이다.

물론 대학공부도 중요하지만 초등학교 공부를 등한시한다면 인간으로서 살아가는데 많은 어려움이 생길 것이다.

내가 가는 노래방은 마이크가 좋아야 노래하고 싶다. 누구나 그럴 것이다. 노래는 백년의 약속을 좋아하고 즐겨 부른다. 누구나 노래는 많이 선호한다.

우주는 소리로 구성이 되어있다고 했듯이 그것이 진리인 것이다.

노래 속에는 많은 기운이 서려있으며 인간이 살아가는데 밑거름이 된다. 특히 환자에게는 음악이 있어야한다. 자연의 소리일수록 더욱 더 좋다. 계곡의 물소리, 산의 새소리 그리고 인간이 소리 내는 여러 가지 악기의 소리가 인간의 숨소리를 편하게 해준다.

그러면 여기서 음악에 관해 몇 가지 말을 하고 싶다. 음악이란 인간이 땅과 하늘 사이에 살며 하늘의 소리를 마음에 가득 담아, 인간에게 서로 돌려주며 감사하는 것이 음악이다.

그래서 음악이라는 두 글자가 탄생이 된 것이다. 하늘에 연결 안 된 것이 없다. 모든 사물들이 우선,

디스코를 좋아하는 사람들은 역경을 잘 이겨내고

랩을 좋아하는 사람들은 교만하며

재즈를 좋아하는 사람들은 건방지며

트로트를 좋아하는 사람들은 인생을 알고

발라드를 좋아하는 하는 사람들은 대범하지 못하며

블루스를 좋아하는 사람은 약속을 잘 안 지키는 형국이다.

이렇게 더 여러 가지가 있지만 이것만으로도 많은 표현을 알 수 있다.

요즘 기분이 좋아 휘파람을 불고 다니는 사람은 별로 없을 것이다. 우선 아침에 일어나서 휘파람을 분다면 자신의 기분을 스스로 측정할 수 있다.

여러분들은 어떤 장르의 노래를 좋아하는가? 어떤 것이든 음악이라면 다 섭렵해야 한다.

그래야 내면이 골고루 발전할 것이다.

어느 특정한 음악보다 소리는 많은 것을 가르치는데 그중에서 아이들의 소리가 가장 좋은 것이다.

강감찬 장군

우리나라 역사를 보면 많은 일을 하고도 인기가 없는 분들이 많다.

어느 날 수원 쪽에 기도를 간적이 있었는데 어느 공원에 말을 타고 앉아 계신 모습을 본적이 있었다.

인간이 갖고 있는 신명이 여러 가지가 있는데, 예를 들어 선녀의 기운, 장군의 기운, 애기의 기운, 산신의 기운 이렇게 볼 수 있는데 어떤 신명이 들어있느냐에 따라서 살아가는 환경이나 수준이 틀려진다. 또한 잡신이 들어있는 사람은 사업이나 마음이 복잡한 경우도 있다.

그래서 일이 잘 안되는 사람은 우선 마음에 있는 기운을 알고 정검을 받아야한다.

무조건 열심히 한다고 일이 잘 되는 것은 아니다. 어떤 기운이 들어있나 그 기운과 같은가를 알아야한다. 이것을 볼 때 인간은 어떠한 기운이 자신을 도와주고 있나를 알아야한다.

장군은 사업을 잘 되게 하는 기운이 들어 있다. 그래서 사업을 잘 되고자 하는 사람들은 장군의 기운을 받아야하며 그래야 자신 있게 사업을 펼칠 수 있는 것이다.

장군의 기운이 없는 사람이 사업을 한다면 보나마다 힘들 것이다.

아파트를 짓는 곳은 선녀의 기운이 있어야 한다. 그렇지 않다면 분양하기가 어려울 것이며, 한번에 부도가 나서 망하게 될 것이다. 이렇듯 어디든지 부분마다 기운이 들어있기에 자신과 같은 기운이 있을 때 일은 저절로 되는 것이다.

이것만 알고 나면 살아가는 방법을 터득하는 것이다.

우리나라에 환자가 많은 것은 장군의 기운이 없어서 그런 것이다.

산의 기운을 망가지게 한 죄로 하늘에서 환자를 만들어 놓은 것이다. 그래서 자연을 훼손하면 재앙이 오는 것이며 재앙으로 인해 인간은 끝을 보게 되는 것이다.

자연의 소중함을 모른다면 후세에 태어나는 사람들은 자연을 모르게 된다. 훼손으로 자연이 없어진다면 아마 결국은 달과 해와 별도 할 일이 없어지니 사라질 것이다.

이순신 장군이 이렇게 말을 한다.

"말로 하는 것보다 실천이 중요하다."

강감찬 장군은 이렇게 말씀하신다.

"미안한 짓은 하지 말라"고,

더불어 칭기즈칸은 이렇게 말을 건넨다.

"결국 인간을 위해 사는 것이니 인간을 도우며 살라"고,

이렇게 옛날 장군들이 한 마디씩 하는 것은 인간이 바로 살아가는 방법을 말한 것이다.

우리나라 모든 국민들이 장군의 기운과 선녀의 기운이 들어있어야 잘살 수 있다. 부디 산에 가서 자신의 죄를 반성하고 물에 가서 앞으로의 계획을 말한다면 하는 일이 잘 이루어질 것이다.

장군들의 기운을 받아 각자 잘사는 나라로 만들어가자. 여자로는 신사임당의 마음을 닮아가자.

부디 이 나라의 건국의 의미를 상하지 않게…….

이순신과 나

인간이 큰소리를 친다. 얼마나 치는 것일까?

그것은 내면이 원하는 대로 행동할 것이다. 내면이 바로 서 있을 때 인간은 큰소리를 쳐야할 의무가 생기는 것이다. 그러나 내면의 소리가 아닌 머리로 생각하고 소리를 지른다면, 화병이 생길 것이다. 이순신은 어떠한 고난도 잘 버티고 인내하고 참는 법을 아는 분이셨다.

여러분들은 얼마나 소리를 지르고 사는가. 인간은 뱃속에서 못다 한 소리를 항상 질러야한다.

그래야 자신의 기운을 쓸 수 있는 것인데, 그렇게 소리를 다 지르고 죽음을 맞이하는 사람은 없다.

그만큼 인간은 살아가면서 남에게 큰소릴 칠만큼 좋은 일을 못하기에 자신의 기운을 다 쓰지도 못하고 죽는 것이다. 다만 이순신은 우리보다 더 많이 쓰고 세상을 하직했다.

여기서 인간은 내면이 얼마나 중요한가를 한눈으로 알 수 있다.

나는 내 기운을 이제 알았다. 쓰면 쓴 만큼 하늘에서 큰 기운을 내려주신다.

뭐가 아까운가? 쓰면 하늘에서 곧바로 기운을 내려주는데….

나도 이순신 같은 명장은 못 되더라도 치사하게 죽음을 맞이하고 싶은 생각은 죽어도 없다. 단 나라와 민족을 위해 쓰다가 생을 마감하고 싶다.

하지만 하늘의 기운이 없다면 그것은 생각뿐일 것이다. 이순신은 왼쪽 손에 기운을 받아 나라와 민족을 위해 사명을 다하신 분이다.

먼저도 말했듯이 이순신의 기운을 받아 살아간다면 올바른 곳에 좋은 기운을 쓸 수 있을 것이다. 돌아가신 정주영 회장도 그러한 기운을 받고 살았다.

한국인이 그러한 기운을 받고 산다면 분명 강대국이 될 것이다.

하지만 하늘은 함부로 그러한 기운을 주지 않는다. 똑바로 살 때, 여러 사람을 위해서 봉사할 때 하늘에서 내려주시는 것이다.

이제 여러분들도 다 그렇게 살기를 원한다. 우리 국민 모두 서로를 위한다면 한국은 발전하고도 남을 것이다. 누구를 원망하지 않고 시기하지 않는다면 그것 역시 애국자일 것이다.

나는 이렇게 생각을 한다. 잘난 체를 하지 않고 살며 이웃을 사랑하고 살며 또한 어려운 것을 잘 헤쳐 나가는 한국인이 되어야 한다고 생각한다. 이것이야말로 하늘에서 바라는 이순신의 말씀이다.

한 가지 이순신은 죽음을 두려워하지 않았다.

여보게 나 이승만이야

'뭉치면 살고 흩어지면 죽는다'라는 말이 있다. 이 말은 신명과 사람이 하나가되고 살아야 한다는 뜻이다. 그렇다. 인간은 인간 속에 있는 나를 발견할 때 새로운 일이 일어나는 것이며 하는 일마다 시원하게 이루어진다.

사람이 멍 할 때가 있는데 그것은 신명이 바뀌거나 신명이 자신의 몸에서 빠져나갈 때 일어나는 현상이다. 요즘 사람들이 외국에 잘 나가는 것은 신명이 바뀌는 현상으로 봐야한다.

인간은 여행을 통해서 신명들의 기분을 맞추고 살아야한다.

만약 이것을 알고 산다면 발전이 있을 것이며 항상 기분도 업 되어서 웃음이 날 것이다.

대통령이 잘하고 못하는 것은 하늘의 도움을 받느냐에 따라 결정된다. 물론 국민이 투표하지만 하늘이 원하는 투표라면 그 나라는 저절로 승승장구 하게 된다. 그러나 우리나라는 안타깝게도 하늘의 기운으로 투표를 하지 않았다. 빨리 하늘이 원해서 하는 투표를 하는 날이 왔으면 한다.

우리나라 전직 대통령들 중에 하늘의 기운을 받은 사람이 있었다. 그러나 지금은 없다. 나는 원한다. 하늘의 기운을 받은 사람이 우리나라 대통령이 되었으면 한다. 하늘이 원해서 대통령이 된다면 이 나라는 엄청난 변화와 함께 평화가 올 것이며 그때에는 국민이 원하지 않아도 통일은 저절로 올 것이다.

나는 높은 위치보다 낮은 사람으로 살아가는 것을 원칙으로 살고 싶다. 사람들은 높이 올라가려고 애쓰고 있다. 낮은 곳이 하늘을 다

멀리 볼 수 있다.

역대 대통령들이 국민에게 보여준 일들은 수많은 것들로 나열할 수 있지만 별로 국민이 원하는 일들을 하지 못했다. 이제 다음에 나오는 대통령은 모든 국민이 진정 원하는 분이 나와 주셨으면 한다. 인간이 역사를 만들 때는 잘해보자고 하는 것이다.

앞으로 우리나라는 어떻게 될 것인가?

나 정도령도 한국이 잘 되기를 원하고 있다. 그러나 한국은 아직 영의 수준이 미약한 것이 사실이다. 또한 영 능력자가 없는 것도 문제가 된다. 영의 수준을 높여야 나라가 잘살 수 있다.

우리나라의 영의 수준은 아직도 초등학교 수준이다. 그것을 가지고는 잘살 수 없다. 한사람만 잘해서 변할 수 없다. 우리는 변하는 것을 선호한다.

누구나 잘 사는 날을 기다리고 있는 것은 사실이다. 영을 알아야 잘 산다는 것을 알아야한다.

인간은 영속에서 발전을 하는 것이다. 영의 도움이 없이는 세상을 이끌어가기는 힘이 든다.

난 가끔 나라기도를 위해 전국을 다닌다.

부디 좋은 나라도 만들어달라고….

그러나 하늘은 무심하게도 답을 안내려 주신다.

그만큼 하늘은 우리나라를 노여워하고 있다.

누구나 하늘의 기운을 받아야 잘살 수 있다.

하늘에 감사하자.

하늘에 감사하자.

대통령이 일을 잘할 수 있게 기도하자!

온 국민이 마음을 합쳐서…….

편한 것이 싫어

하늘을 알기 전에는 난 항상 힘들게 살아왔다. 없으면 없다고 투정을 했고 모르면 모른다고 투정을 했다. 이제는 생각이 바뀌었다.

그것도 180도 바뀌었다. 하늘과 대화를 하고 나면 싫은 것이 없고 그냥 마음이 편안하다.

하늘을 알기 전에는 할일도 별로 없었지만, 하늘을 알고 나서는 항상 바쁘다. 물론 나를 위해서 쓰는 시간은 없다. 그래도 나는 즐겁다.

하늘을 알고 난 뒤 난 내 생각이 내 생각이 아니라 하늘 생각으로 살고 있는 것이다.

그래서 하루 종일 제자나 손님들 만나기에 시간을 보낸다. 그래도 나는 조금이라도 편했으면 하는 마음이 들지 않는다. 이제는 편한 것이 오히려 싫다.

사람들은 날이 갈수록 편한 일을 선호한다. 그것은 하늘을 모르기에 그러한 생각을 하게 되는 것이다. 지금 우리나라에 일자리가 없는 것은 아니다. 편한 직업을 찾기에 없는 것뿐이다.

여자들은 편하게 밥을 하고 세탁을 하고 음식을 인스턴트로 살기를 원한다. 모두 다….

좋은 기계가 나와 편하게 살게 된 것이다. 과학이 발전될수록 인간은 점점 편하게 살고 싶어 할 것이다. 그러면 그럴수록 일자리는 없을 것이다.

요즘 우리나라의 실정은 2, 30십대 어른이 무엇을 할 줄 몰라 헤매는 사람이 많은 수라 한다.

그만큼 일자리가 없어 하루를 그냥 보내고 있다고 한다.

그만큼 영의 수준이 올라가는 만큼 어려운 일은 싫어하고 쉬운 일만 선호하기에 일을 못하는 것이다. 우리나라는 일자리가 없는 것도 물론이지만 자신이 하기 싫어 직업이 없는 사람이 대부분이다. 우리는 마음을 비워야한다. 마음을 비운다면 많은 것을 깨달을 것이다.

나라와 민족이 가는 길은 남이 하기 싫어하는 어려운 일을 할 때, 할 수 있을 때 발전한다는 것을 가슴깊이 알아야 한다.

편한 것은 인간을 게으르게 한다.

편한 것보다 자신의 발전을 하게 하는 것은 남이 하기 싫어하는 일이다.

지금 우리나라가 해야 할 일은 바로 이것이다.

가정이 잘 되려면 어려운 일을 찾아서 해야 한다.

우주에서 나가

2005년 2월에 이런 일이 있었다. 그때는『도반 2편』을 쓰고 있을 때였다. 영적으로 우주를 갔던 나는 우주에서 지구로 나가라는 말을 들었다. 그때는 우주에서 주는 영을 갖고 지구에 나가 일을 하라는 말이었다.

어느 정도 영성세계를 알고 난 나는 우주의 기운을 바로 받고 천기를 내리는 능력을 갖게 된 것이다. 지금도 많은 사람들이 우주에서 내려주는 천기를 받기위해 줄을 선다.

천기는 다른 것이 아니다.

우주의 기운을 통해 하늘과 우주의 기운이 합의된 기운을 말한다.

나는 우주의 기운을 받을 때 내 정신이 아니었다. 그저 멍하고 인간적으로는 상상할 수 없는 기운을 느꼈기에 뭐라 형용할 수는 없지만 굳이 말로 한다면 우선 나의 목소리가 아닌 소리가 들리고 나의 생각이 아닌 생각이 떠오른다.

천기를 받으려면 자신의 몸에 있는 기운들이 내려받을 수 있는 자세가 되어야 하는 것이 가장 중요하다. 그러나 천기를 받았어도 하늘의 계시를 못 듣는다면 천기를 받아도 아무런 효과가 없으며 제자로서의 활동을 중단하게 만든다.

다만 하늘은 그만큼의 용서를 해준다. 다만 영적으로 공부를 하지 않았다면 이러한 자체도 모르고 탈락의 시간을 맞이하게 된다. 결국 우주에서 나가는 것은 먼저 말한 것이 우선이나 제대로 영성공부에 임하지 못했다면 인간으로서 영원히 퇴출되는 것이며 영성공부는 죽을 때까지 할 수 없으며 기회가 주어지지 않는다.

지금까지 제자를 만들며 정식으로 탈락을 한 사람은 120명 중에 여자 한 명, 남자 한 명이 되었다.

영성으로 살지도 못하고 인간적으로도 살지 못하는 어떻게 보면 인간의 바보가 되는 것이다.

언젠가 제자 중에도 또 탈락의 순간을 맞이하게 된다.

그것을 보면 마음이 아픈 것은 물론이며 속이 많이 상한다. 그러므로 영적으로 공부한 사람들은 우주에서 일을 받는 것이 최고의 선물이며 값진 것이며, 살아가는 묘미를 느끼며 알 수 있다.

부디 누구나 우주의 소리와 명령으로 지구에서 총명하고 밝게 살기를 원한다.

훈장님

인간은 누구나 배워야 산다.

다만 배운 것을 바르게 써야 한다는 생각을 가지고 살아야한다.

우리네 조상들은 자손에게 많은 가르침을 주기 위해 공부방을 만들어 지식을 그리고 지혜를 주곤 했다.

나는 훈장님을 하늘이라고 생각하는 사람 중에 한 사람이다. 우선 훈장이라는 것은 인간이 땅과 하늘과 우주의 기운으로 하늘을 머리에 이고 배운 것은 다시 인간에게 돌려줘야 다시 하늘의 기운을 받는다는 뜻이 들어있다.

그렇다. 인간이 해석을 한다면 어려운 점도 있지만 영적으로 해석을 한다면 오묘한 기운을 그리고 내용을 알 수 있다,

나는 이렇게 생각한다. 올바른 훈장님을 만나야 인간은 깨우칠 수 있고 미래를 열어갈 수 있다.

여러분들의 훈장은 과연 어느 분인가?

요즘 사람들은 명예와 지식 그리고 돈을 훈장이라고 할 것이다. 어느 것이든 상관은 없겠지만, 자신의 마음속에 담은 훈장은 영원히 모시기를 빈다.

나는 오늘 나의 훈장님을 소개하려 한다.

훈장님의 마음은 눈으로는 보이지 않는다. 그러기에 무섭고 두려움이 앞선다. 또한 훈장님은 만나기가 어렵지만 훈장님을 만나기 전에는 훈장님의 분위기를 읽을 수 없다.

훈장님은 항상 같이 계신다. 내 자신이 원하지 않아도 계신다.

그러나 난 몰랐었다.

그만큼 훈장님은 나를 걱정하셔서 항상 혼을 내주신다. 물론 시험을 통하여 훈장님과 가까이 할 수 있으며 훈장님은 세계를 관장하시는 분이다. 훈장님의 능력은 무궁무진하다고 본다. 훈장님은 하늘이기 때문에 그만큼 포근하고 무서운 분이며, 자상하기도 하고 나를 염려해 주는 분이며, 나에게 많은 기회를 통해 즐거워하시는 분이다. 누가 만나려고 해도 잘 만나주지 않는 분이지만 인간들 옆에 항상 계신다.

다만 인간들이 모를 뿐이다.

나는 우리 집에 훈장님으로 모시고 있다.

누구나 이런 분을 훈장님으로 모시면 지혜가 생겨나고 저절로 건강해지고 남을 위해 봉사하는 마음이 생길 것이다. 나는 그래서 이 세상 누구보다도 혜택을 많이 받은 사람이라고 생각을 한다.

그분이 바로 국조이신 단군할아버지이다.

한국 사람이면 다 아는 분이지만 모시지 않는 것으로 섭섭함을 가지고 계신다.

"우리 것은 좋은 것이여" 하고 있지만 정작 우리 것이 무엇인지 모르는 사람들이 여기 저기 셀 수 없이 많은 세상이다. 부디 조상 단군할아버지의 마음을 알고 살자.

우리 민족의 훈장님은 단군이시다. 그 이름 으뜸이며 훈장님을 섬기자. 그러면 예수나 부처도 춤을 출 것이다.

이제 우리 조상을 바로모시는 국민이 되자.

특히 정치를 하고자 하는 사람이 알아야한다.

아파요

요즘 아프지 않은 사람은 없다.

우리나라를 보면 마음이 아플 것이다.

모든 신들이 영적으로 더 아파한다.

산에 있는 산신은 산신대로 용왕은 용왕대로 사람들의 주신은 주신대로 할 일을 못하기에 나라의 발전은 보이지 않는다.

인간은 인간대로 신과 함께 의무를 못하기에 우리나라의 미래는 주저앉은 형국이다.

우리의 미래는 신들의 도움이 있어야 결정적으로 변화가 이루어진다. 하늘에서는 우리 민족에게 수많은 영을 지금도 내리고 있다. 그 영을 제대로 쓰지 못하기에 풍족하게 살지 못한다.

사람은 내면이 발전되어야 발전이 있다. 그렇다. 내면을 알아야…. "아, 이것이구나" 하고 생각을 할 수 있다. 내면이 자리를 잡는다면 마음이 편해지는 것은 물론이며 하는 일이 내 능력이 아닌 내면의 능력으로 일을 치룰 수 있고 하는 일이 성사된다.

물론 건강도 좋아지고 일이 잘 되니 걱정이 없어진다.

지금도 병원에서 고생하는 사람들을 보면 내면이 아프기에 몸이 아프다는 것을 알 수 있다.

인간이 태어나 누구나 아프지 않고 잘살기를 하늘은 원하고 있다. 단 하늘에서 병을 내리는 경우도 있다. 그래서 하늘에서 내린 병은 인간의 힘으로 고칠 수는 없다. 그러나 그것을 모르고 고치려고 하는 사람들이 많다. 영적인 병은 영적으로 고쳐야 한다는 것을 모르는 사람이 많은 것을 나는 안다.

우선 마음이 아픈 것은 정신에서 오는 경우가 많은데 나는 그럴 때마다 하늘에 이렇게 고한다.

"하늘이여, 나에게 인내심과 참음을 그리고 밝음을 주세요."

물론 그것은 나의 책임으로 돌리곤 한다. 그때에는 나의 마음을 다스리게 된다.

그렇다. 인간이 어떠한 것을 알고 있어도 아는 것은 하늘에 비하면 너무 작은 알갱이다. 그 알갱이로 살아가는 것이다. 그 알갱이를 키우기 위해서는 하늘의 기운을 받아야 하며 하늘의 기운을 받기 위해선 인내심이 필요하고 참음이 필요하기에 하늘을 알기 위해선 저절로 나를 변화하게 하고 성숙하게 하며 아픈 것을 잊게 한다.

특히, 영성공부를 해야만 알 수 있는 오묘한 세계를 느낄 때 그때서야 힘들 게 공부한 만큼 하늘의 세계를 통해서 편안함을 알게 된다.

하늘을 알기 위해서는 하늘이 동참해야 한다. 인간이 스스로는 할 수 없다. 그것까지 하늘에서 동참을 허락해야 한다.

나는 '언제까지 마음이 아플 것인가' 하고 생각해 보면 몰랐을 때는 그런대로 알면 아는 대로 마음이 아프기에 인간은 아는 것이 있어도 모르는 것이 있어도 어디에 치우치지 않고 아프다. 그러기에 인간은 하늘을 찾고 하늘의 법을 알고 싶어 하는 것이다.

하늘을 알고 나면 마음 아픈 사람들을 치유하게 되며 누구나 편안한 세상을 살게 된다. 그래서 모든 인간은 하늘의 법을 알아야하며 하늘이 무엇을 원하는가를 아는 것이 살아가는 법이다. 우선 여러분들은 하루하루 얼마나 아픔 속에서 사는가? 그것은 자신이 만든 것은 아닌가? 누구를 원망하고 살지는 않는가?

원래 인간은 하늘이 만들어 놓은 규칙대로 살아가야 되며 그렇게 살아가야한다. 마음이 아픈 사람은 그만큼 생각이 많아서 그런 것이다.

마음을 다스릴 줄 알아야 한다. 마음을 다스리는 사람만이 하늘의 힘을 빌릴 수 있다.

나도 한국인

나는 한국에서 태어난 것을 가장 큰 선물이라고 생각한다.

단 가난하게 살아온 것이 안타까운 것뿐이며 인간이 배워야할 지식을 머리에 많이 담지 못한 것이다.

그래도 나는 후회하지 않고 산다. 아마 누구나 힘들게 살아왔다고 하는 분들이 있을 것이다. 정말이지 나는 아는 것도 아는 사람도 없이 돈도 없이 살아간다는 것이 얼마나 힘이 드는지 안다.

세상은 경험으로 이루어져 있기에 모든 경험을 해온 하늘에게 많은 경험을 알게 됐다.

한국에 살면서 어렵게 사는 사람이 있다면 불만이 많을 것이다.

서로 상대방을 이해한다면 불만이 없어질 것이나 상대방을 이해하지 못하는 마음으로 인해 상처를 받게 만든다.

수많은 전쟁 속에 일궈간 한국의 역사는 지금 현재를 대변하게 한다. 지금 한국은 안팎으로 힘이 드는 나라이다. 일본과의 대립, 그리고 아시아, 유럽, 이 나라들을 이끌어가는 것은 정신일 것이다.

하늘은 우리나라에 많은 영을 내려주셨다. 그래서 어떠한 것도 정신으로는 뒤지지 않는다.

한국의 정신은 강한 편이나 그 정신을 제대로 쓰지 못하는데서 여러 가지 걸리는 것이 많다.

난 가끔 하늘에 물어본다. "한국은 어떤 나라인지? 영적으로 한국은 윤이 나는 나라지만 지금은 구름으로 가린 것처럼 나라의 기운이 그렇다"라고 느낌을 준다.

그래서 나는 다시 하늘에게 이러한 질문을 한다. "그럼 어떻게 한국이 밝은 나라가 될 수 있는지" 물어본다. 간단하게 말하면 이렇다라고 말을 한다.

"우선 심장이 강한 것처럼 나라의 심장을 유지해야한다"고 한다.

그리고 "영성으로 살아야 한다"고 한다. "그래야 세상을 바로 세우고 누구나 사는데 걱정이 없을 것이다"라고 말을 한다.

나는 이렇게 생각을 한다. 지금도 외국에 이민을 가고자하는 사람이 많은데, 아름답고 좋은 나라를 버리고 외국에 가서 산다면 한국은 누가 우리나라를 지키고 어떻게 자손을 바른 한국인으로 만들 것인가 하고 걱정이 앞선다.

한국의 훈민정음이 세계가 이용할 수 있는 글이 되어야 한다.

그래야 세계 속으로 갈 수 있다. 훈민정음이야말로 하늘에서 내린 천문인 것이다.

나는 하늘에서 내린 천문으로 우주를 알았다. 한국인 누구나 하늘의 천서를 알고 천문을 이해한다면 충분히 세계를 다스릴 수 있다. 한국인은 자랑스러운 국민이라는 것을 명심하고 살아야 한다.

하늘에서도 한국인에게 좋은 기운을 항상 내리고 있다는 사실을 알아야한다. 나도 한국인이기에 하늘의 소리를 듣는다. 그리고 하늘의 소리를 들려주고자 한다.

아마 이 책이 하늘의 소리를 대변하고 있을지도 모른다. 아니 대변하는 것이다.

나는 한국인을 보면 그냥 안쓰럽다. 자신을 모르고 하늘을 모르고 사는 것이 가장 안타깝다. 지금도 한국은 발전을 위해 온갖 힘을 쓰지만 하늘의 위대함을 모르고 있다. 특히, 배운 사람일수록 하늘을 모르고 있는 실정이다.

이제 한국인은 바뀌어야 한다. 이대로는 어렵다. 그냥 이대로 간다면 한국은 멸망을 몸으로 느낄 것이다.

서로 돕고 이해한다면 한국은 분명 많은 변화가 있을 것이다.

혼자서는 안 된다.

국민 모두 힘을 합치는 것이 문제이다.

영적으로 한국인을 풀어보면 우주의 기운과 하늘의 기운을 받는다면 하늘에서 편하게 해주며 감사하고 자기보다 못한 사람들을 위하고 자신의 기운을 상대에게 주는 민족이며, 하늘을 보며 사람이 감사하는 마음을 갖는 것을 한국인이라고 할 수 있다.

그렇다. 한국인은 이렇게 읽을 수 있다.

"얼마나 할 일이 많은가?"

서로 이런 생각을 갖고 산다면 한국은 위대한 나라가 될 것이다.

한 사람 한 사람의 정신이 뭉쳐야 한다.

이렇게 될 때 진정한 한국인이다.

확실해요

누구나 주인의식을 가져야 확실하듯이 내가 하는 영성공부는 이제야 확답을 얻기에 충만하다. 얼마나 속으로 애태우고 기다려왔던가? 아마 나보다도 하늘이 더 답답했을 것이다.

여러분 중에도 하늘에서 답답하다고 하는 사람이 있을 것이다.

그러나 그것을 눈치 채지 못하고 살아가고 있는 것이다.

우리가 살아가는 것은 눈치로 살아가는 것이다.

어떠한 일이든 어떠한 상황이 닥쳐도 인간은 눈치 속에서 해결할 수 있는 것이며 눈치 속으로 들어가야 하는 것이다.

그럼 인간은 어떻게 눈치를 알아차리고 있는 것일까. 그것은 하늘에서 내리는 기로 측정해서 할 수 있는 것이며 또 그렇게 할 때 어떤 것이든 이루어진다.

기를 측정한다는 것은 얼마만큼 하늘과 기운이 통하는지를 알 수 있게 한다. 그래야 확실한 것이다. 나는 한동안 많은 생각을 가지고 살아온 사람 중에 한 사람이다.

그러나 어느 날 확실하게 나를 이끌어준 하늘과 대화를 시작했다.

그것은 내가 원해서 할 수 있는 것이 아니라 하늘이 원했기에 하늘과 대화가 된 것이다.

이것을 볼 때 하늘은 인간과 대화를 하고 싶어 하고 있다. 그러므로 누구나 대화하기를 원하고 있다. 다만 인간이 무엇을 모르고 자신이 억지로 하려고 하는데서 실수가 따라오는 것이다.

지금도 많은 사람들이 깨우치고 싶어 하지만 하늘이 원하지 않는다면 할 수 없는 것이다. 이것을 알 때 깨우쳐지는 것이며 다른 사람을 깨우치게 하는 능력을 하늘에서 내리는 것이다.

그래서 영적으로 무엇을 아는 것은 거의 확실하지 않으면 말도 나오지 않는 것을 알게 하는 것이 하늘이며 인간이 하는 말과 하늘이 하는 말은 많은 차이를 보이게 하는 것이다.

어느 누구나 잘살고 싶어 하고 인간이 노력을 하는 것도 필요하지만 "하늘의 도움 없이는 할 수 없다"는 것을 알았을 때 이미 하던 일은 저절로 이루어지게 한다.

이렇듯 하늘과의 대화는 이렇게 시작이 될 수도 있다.

하늘과의 대화는 말로, 글로만 이루어지는 것이 아니라 자연 속에서도 이루어지는 것이다. 그러므로 하늘을 바라만 봐도 대화가 되고 생각만 해도 대화를 하는 것이다.

그래야 인간이 살아가는 인생이 풍요롭게 되며 긍정적인 사고를 갖게 하며 열린 사고를 터득하게 된다. 그래야 바로 사는 것을 알게 되는 것이며 바로 살 수 있다.

우리는 확실히 될 수 있는 일만 해야 한다.

주먹구구식으로 산다면 항상 어려움이 따를 것이며, 인간이 살아가는 묘미와 맛을 잃게 된다.

어떠한 일을 한다면 확실한 사람이 되라.

조그마한 것도…….

폭탄세례

어느 날 나는 하늘에서 폭탄을 듬뿍 받은 사람 중에 한 사람이다.

예수도 부처도 하늘에서 폭탄을 맞은 것이다. 하늘에서 자기 자신도 모르게 영을 내려 주신 것이다. 얼마만큼 내려주느냐에 여러 가지 영적능력으로 변하기에 폭탄의 강약을 그때 알 수 있다.

나는 하루에도 많은 폭탄을 내려받고 있다. 그래서 이렇게 글을 쓰고 있는지도 모른다.

어느 날은 하나도 내려주지 않을 때가 있다.

물론 인간적인 폭탄은 사람을 죽이지만 하늘의 폭탄은 사람을 살리는 폭탄이며 깨달음을 주는 폭탄이다.

그 안에는 수 만 가지의 영이 들어있다. 그 속에는 자신을 아는 기운이 들어있으며 세상을 아는 기운이 들어있고 염력을 할 수 있으며 인간이 상상할 수 없고 해결할 수 없는 오묘한 것들이 섞여있다.

그것을 하나씩 인간이 풀어간다면 기운이 저절로 생기게 되며 기분이 좋아진다. 그래서 나는 폭탄 하나라도 우리 민족에게 내려주고 싶은 마음이다.

하늘의 폭탄을 맞아야 마음공부가 시작되는 것이며, 마음을 다스리기에 합당하게 되는 것이다.

인간이 살아가면서 가장 중요한 것이 있다면 자신의 마음을 알아야 하는 것이다.

난 지금 마음선원을 운영하고 있는데 그것은 순전히 하늘의 말을 전해주는 것이며 하늘의 법을 알게 하며 나로서는 할 수 없는 일을 하늘을 통해하게 하는 것이다.

얼마나 다행한 일인가? 하늘의 폭탄은 이렇게 좋은 것이다.

그렇다. 여러분들도 하늘의 폭탄을 맞아야 한다. 물론 하늘의 폭탄을 맞기 위해서는 인간의 노력도 필요하다.

하늘은 여러 가지 폭탄을 내려주기에 돈을 벌게 해주고, 학생에게는 공부를 잘하게 해주고, 건강하게 해주고, 리더십을 만들어 주시고, 이렇게 여러모로 쓰게 만들어 주신다.

난 더 좋은 것을 받은 것이다. 나에게는 돈을 내려주지는 않았다. 그래서 오히려 행복하다. 돈은 사람이 살기 위해서는 분명 필요하지만 절대적이지는 않다.

하늘의 폭탄을 맞는 것이야말로 잘사는 방법이다. 그래서 하늘의 폭탄은 이런 사람에게 준다. 이웃을 사랑하고, 남을 이해하고, 남을 위해 봉사하고, 절실하게 하늘을 찾는 사람에게 내려주는 것이다.

부디 독자 제위도 하늘의 폭탄을 맞을 준비가 되길 기원한다.

광야

저 멀리 보이지 않는 곳을 찾아가는 것이 내가 하는 공부이다.

물론 하늘에서 시키는 공부이다.

보이는 공부는 하지 않는다.

그것이 내가 하는 공부이다.

나는 알았다.

그러나 알지만 아무것도 머리에 담아 두지는 않는다.

인간적 공부는 머리에 담는 것이 원칙이지만, 하늘의 공부는 버리는 공부를 원칙으로 한다. 그래서 내가 하는 공부의 치수는 잴 수가 없다. 그만큼 넓고 깊은 공부이기에 어느 것과도 비교할 수 없는 공부이다.

나와 같은 생각을 가진 사람들이 있다면 그 사람은 이미 광야를 달리고 있는 것과 같다. 광야를 달려온 사람만이 하늘의 진실을 알게 되며 진리를 터득하며 살아가게 된다.

진리는 멀리 있는 것이 아니라 내 주위에 항상 도사리고 있다.

나는 한국에서 세계의 평화를 위해 나와 같이 동행할 도반을 찾고 있다. 물론 하늘에서 인정한 사람을 찾고 있는 것이며 하늘을 알려고 하는 사람과 우주의 원리와 하늘의 원리 인간의 도(道)를 알고 싶어 하는 그런 사람 말이다.

이제 여러분들에게 진실을 고하려고 한다.

이 책에서는 하늘과 우주라는 글이 많이 보일 것이다.

내 마음이 우주요 하늘이라는 것을 깨우치게 하는 글이 많이 나올 것이다.

그만큼 하늘과 우주는 큰 광야인 것이다.

그 광야를 달려가는 것이 세상을 살리는 일이며 우리의 사명이라는 것을 알고 언제나 같은 마음으로 영성공부를 하는 것이 진정한 도반이다.

언젠가 여러분들도 나와 같이 하늘을 깨달아 인간에게 하늘의 소리를 들려주는 것이 목적이 되어야 한다. 하늘의 소리를 전달해 주는 사람이 많으면 많을수록 세상은 평화로운 세상으로 변해갈 것이다.

인간적 공부는 땅 1평도 안되지만 하늘의 공부는 끝이 보이지 않는 공부이다.

어떤가. 그만큼 열의와 성의를 해야 한다는 뜻이다.

1평의 공부와 하늘의 공부는 마음자세가 그만큼 필요한 것이다.

수많은 영들을 다루고 싶어 한다면 광야식 공부를 부디 해야 한다.

쿵따꿍

쿵따꿍 이것이 무슨 소린고?

이것이 우주의 소리이다.

흥이 나는 소리며 가슴을 울리는 소리이다.

허허, 하듯이 그것도 하늘의 소리이다.

우리 민족은 예로부터 하늘의 소리를 가지고 살아온 민족이며 그것에 기대며 살아가고 있다. 그것을 버리거나 잊어버린다면 하늘이 반겨하지 않는다. 사물놀이가 여기서 나오는 소리며 쿵따꿍 소리부터 시작을 한 것이다.

인생은 쿵부터 시작을 해서 꿍까지 살아가는 것이다.

쿵은 하늘의 문이 열리는 것이며 따는 주어진 대로 따라가는 것이며 꿍은 하늘의 문을 닫는 것이다. 그래서 인간은 하늘의 문을 열어야 살 수 있는 것이며 하늘의 문이 닫힌다면 아무것도 할 수 없으며 식물인간처럼 버티고 있게 된다.

인간이 산다는 것은 하늘의 소리를 알아야 살 수 있으며 하늘의 소리만이' 세상을 밝게 해줄 수 있는 것이며, 내 자신의 즐거움을 만끽하게 되는 것이다.

우리가 음악이 없었다면 근육을 움직일 수 없었을 것이다. 그만큼 하늘에서는 어떠한 소리를 통해 인간에게 움직임을 안겨주었다.

인간이 살아가면서 걱정이 없는 사람은 없을 것이나 음악으로 스트레스를 풀면 마음의 근육까지 풀릴 수 있다.

미술은 눈으로 음악은 귀로 이렇게 영적으로 하늘의 순리를 따라간다면 마음은 저절로 따라가게 되어있다.

쿵따궁, 쿵따꿍 무엇이 걱정인가?

만약 근심이나 걱정이 있다면 쿵따꿍 소리를 5분간만 해라.

스스로 행복해지고 여러 면으로 수행이 될 것이다.

"쿵따꿍, 쿵따꿍", "하하, 좋다"하고 말을 붙인다면 미래는 즐거울 것이다.

다같이 해보자.

온 국민이 해본다면 싸움이 도망갈 것이다.

하하하하하, 얼씨구.

찬바람

가난하고 정치하는 사람들 그리고 하늘기도를 하는 사람들은 특히 찬바람을 싫어한다.

추운 겨울이 되면 없이 사는 사람들은 따뜻한 집을 생각하게 된다. 없이 사는 죄로 추위에 떨며 산다. 정치하는 사람들은 서로의 따뜻함을 전해주지는 못하고 서로 찬바람을 일으키며 서로 쌍방이 잘났다고 한다.

도(道)를 닦는 것은 항상 찬바람이다.

요즘 우리 주위는 모두 찬바람으로 형성되어 있다.

어느 것이든 찬바람을 통하여 어떤 일이 이루어지는 것이다.

편하게 되면 사람들이 게을러지기에 찬바람을 일으키게 만드는 것이다.

찬바람을 얼마나 견디느냐에 따라 성공의 여부를 가늠할 수 있다.

우리나라는 사계절이 있기에 살기 좋은 나라이다. 봄이 있어 여자의 기운을 살릴 수 있고 여름이 있어 남자와 여자의 기운을 살릴 수 있고 가을이 있어 땅의 기운과 하늘의 기운을 하나로 만들 수 있고 겨울이 있어 땅과 하늘의 고마움을 알 수 있게 해주고 있다.

찬바람은 사람이 살아가는데 있어 많은 것을 일깨워준다.

나 역시 사람들에게 찬바람을 많이 맞은 사람이며, 지금도 찬바람을 맞는 사람이 있다면 그 시간을 잘 참아야한다.

찬바람을 참는 사람은 하늘에서 도와줄 것이다. 인간은 머리를 차게 다리는 따듯하게 하는 이유가 여기 있는 것이다.

그만큼 머리를 굴리면 머리가 어지러워질 것이며 마음을 굴리면 머리가 맑아지게 된다. 마음을 따뜻하게 할 때 찬바람은 그 자리에서 멈출 것이다.

지금도 자신과 가정적으로 어려운 일이 있다면, '차가운 시선을 견디지 못했구나' 하고 생각을 한다면 어떠한 일이든 풀어갈 것이다.

사회가 어지러워 찬바람이 분다면 스스로 나서서 따스한 바람을 일으키는 사람이 되자. 어린 아이들에게 냉정하게 하지 말아야 한다. 따스한 한마디가 우리나라의 미래가 결정된다.

공부를 잘해야 좋은 직장을 가게 되고 앞으로 잘 산다는 마음을 가져야 사는 세상, 난 안타깝다. 인간부터 되어야하는데 인간부터 되기 전에 인간을 점수로 평가하는 세상, 그만큼 차가운 세상을 만들어 가는 과정이다.

냉랭한 세상 차가운 세상 여러분이 느꼈다면 부드럽고 이해하고 절실하게 남을 위해 살아가자.

찬바람을 녹이며 사는 세상을 만들자.

난 몰라요

나는 아무것도 모른다. 물론 지식을 이야기 하는 것이다.

다만 난 하늘이 나에게 뭘 원하는지를 안다. 그것을 모르고 살았기에 이제 이렇게 말을 할 수 있다.

과연 하늘은 나에게 어떠한 메시지를 주고 있었는지를 알고 사는 사람이 얼마나 있는지 가끔 생각해본다.

나 역시 여러분과 같은 생각을 갖고 살았던 사람 중에 한 사람이다. 나는 특별한 사람도 아니며 잘난 사람은 더욱 아니다. 하늘은 잘난 사람을 원하지 않는다. 머리를 숙이는 사람을 좋아한다. 그리고 능력을 주시려고 한다.

그 능력을 받아 인간이 산다면 더 이상 바랄 것이 없을 것이다.

난 알려주고 싶다. 천상의 소리를 마음을 듬뿍 담아 독자 제위께 드리고 싶다.

내가 하늘을 알고 달라진 것이 있다면 모든 것이 하늘인 것을 모르고 착각하고 살아온 것이다.

누구보다도 잘난 것이 없는 나에게 하늘은 나에게 진실을 알려주셨다. 여러분도 누구에게나 진실을 보여주는 사람이 되라.

진실은 어떠한 것도 파괴하고 물리친다.

하늘은 진실만을 알려주고 있다. 이 시간에도 인간에게 진실을 알려주기 위해 돌아가고 있다. 해가 뜨는 것처럼 달이 뜨는 것처럼 나 자신을 돌아보라. 아마 가장 잘 보일 것이며 잘 알고 느낄 것이다.

인간은 알고 나서 살 수 있지만 영적으로 사는 사람은 모르고 나서야 알게 되는 것이다.

나를 찾는 것은 나를 버렸을 때 나를 찾는 것이다.

나를 묶어놓고 나를 찾으려고 한다면, 나는 나를 배반하게 된다. 다시 말해 나를 만든 나를 찾을 수 없다.

나는 나를 감싸고는 있지만, 그 나를 모르기에 진실한 나를 찾기 위해서는 만들어진 나를 하늘에 맡겨야 한다. 내가 있으므로 나를 찾게 되는 것이기에 나를 버린다면 나를 찾을 것이다.

나라는 존재는 언젠가 사라지게 된다. 그 뒤에는 "내가"라는 존재가 있게 되며 "내가"라는 존재가 나타날 때는 그때야 비로소 하늘과 하나가 된 것이다.

흔히 인간은 나를 찾으려고 하지만 오히려 나를 찾기는커녕 나를 내세우는데서 진정한 나를 알 수도 없고 찾을 수 없는 것이다.

이제 나를 찾는 것이 어떠한 것인가를 대강 눈치 챘을 것이다.

나의 본성을 찾기 위한 제일 좋은 방법은 아무것도 모른다고 할 때, "나를 찾는다"라는 것을 깨달아라.

내 인생의 스승

어느 날 TV에서 이러한 방송이 나온다.

어릴 때 선생님을 찾는 방송이었다. 한편으로는 눈물이 나올 정도로 감개무량이었다.

옛날에 조그마한 학생이 어른이 되어서 자신의 스승을 만나는 내용이다. 스승은 노인이 되었고 학생은 장년이 되어 있었다. 스승이 하늘이기에 TV에 출연을 할 수 없다.

만약 내개 평범한 사람이었다면 저런 즐거움을 느낄 수 있을 텐데 하는 생각이 앞선다.

난 스승을 만난지 얼마 되지는 않았다.

그러나 스승은 항상 내 옆에 계셨던 것이다.

뒤늦게 고민이 많을 때 하늘에서 해결을 해주신 것이며 지금은 그 무엇이든 알아서 해주신다.

나처럼 하늘이 스승이라면 나와 같은 생각을 하고 있을 것이다.

한번 스승은 영원하다. 특히 나의 스승님은 영원불변한 분이기에 마음이 듬직하다. 하지만 사람이 되라고 항상 교육을 하신다. 그 교육에는 많은 것들이 존재하지만 특히 세상의 평화를 위해 봉사하는 마음을 키우는 공부이다.

세상의 평화는 깨달은 사람이 많이 있을 때 이루어지는 것이다.

인간이 살아가면서 내 마음에 스승이 있다면 항상 발전이 있을 것이다. 아직 정확한 스승을 찾지 못했다면 여러분에게 권하고 싶은 마음이다.

난 천신들과 항상 대화를 하고 산다. 신들이 나의 친구이며 나를 도와주는 매체이다.

나도 모르는 어떠한 내용을 알려 줄때는 신기하고 이상하기도 했지만 그것은 결국 나의 스승이 전달하는 내용을 알려주는 것이기에 고마울 뿐이다.

생각만 해도 즐거운 마음이 드는 것은 가장 큰 스승을 두었기에 난 두려울 게 없다.

이러한 맛을 아는 나는 항상 안타까운 생각이 든다. 정치하는 사람이나 어떤 일을 하든 많은 도움을 줄 텐데 하는 마음으로 한 가득이다.

내 인생의 스승은 한국의 스승으로 맞이하고 싶은 마음이며 세상의 스승으로 맞이해야 한다. 물론 스승이 아닌 것은 없지만 우리가 아는 하늘을 스승으로 모실 때 인간은 깨닫게 된다.

제3장

하늘을

깊고 깊네

난 알았네.

"나의 마음을 깊고 깊은 나의 마음을 세상에서 알지 못하고 깊다"라는 것을 알았네. 알 수 없는 우주의 기운을 인간이 마음을 소리 없이 긍정할 때 하늘이 감동을 받아 마음의 깊이를 알게 한다는 것을 알았다.

본래 나를 찾기 위해 어떤 것을 원하는 사람들이 방법도 모르면서 정신없이 일을 한다면 나를 찾는다는 것은 점점 멀어지게 되고 죽고 나서도 나를 모르게 된다.

그렇다. 인간은 자신을 모르고 인생을 마감할 때도 있는 것이다. 그래서 인간은 자신을 알고 산다는 것이 얼마나 좋은 것인가를 모른다. 자신을 모르고 사는 사람이 많기에 자신을 찾지 않고도 사는 것이다.

인간이 태어나 사회를 접한다는 것은 순전히 깨닫기 위해 사는 것인데 깨닫지 못하고 사는 사람이 많다. 이것을 볼 때 세상은 깨달은 사람으로 돌아간다는 것을 느끼게 된다.

만약 모든 사람들이 깨닫는다면 어떠한 규약도 필요 없게 되고 인간이 만든 법을 무시하게 될 것이다. 인간은 하늘의 법을 따라서 살아가야한다.

얼마만큼 인간의 마음이 깊은가를 알아야한다.

흔히 하늘이나 부모의 마음은 깊거나 높다고 하는데 인간의 깊이를 알아야 한다는 말이다.

난 영적생활을 통해서 인간의 마음을 헤아린다.

물론 모르고 산다는 것은 행복을 가져올 수도 있다.

그러나 인간은 어디서 왔는가, 그리고 어디로 가는가 쯤은 알아야 한다. 하늘의 깊은 마음을 닮아가는 것이 인생이며 인간이 해야 할 사항이다.

그렇다. 우리는 인간사회에서 보이지 않는 하늘세계를 이해하고 살아야함은 물론이며 하늘의 소리를 서로 알려주며 살아야 한다. 그것이 인생이라는 것을 깨달아야 한다.

하찮은 사람이라도 무시하지 않고 서로를 위로해 주며 살아야한다. 그것이 하늘을 대변하는 것이다.

오늘도 나는 하늘을 대변하고 살아서 좋다.

하늘은 무지개

하늘은 어떠한 것이 하늘인가?

물론 여러분들은 여러 가지로 답을 할 것이며 할 수 있다.

하늘은 항상 우리 옆에 있는 것은 분명하다.

다만 인간은 하늘의 생각을 모르고 사는 것이 당연하다.

다만 하늘은 인간이 무엇을 원하는지 요구하는지를 알고 있다.

나 역시 여러분처럼 하늘과 하루도 만나지 않은 적이 없다 .

다만 너무 가까이에 있기에 값을 모르고 살아갈 뿐이다.

그렇다. 하늘은 인간에게 그 무엇이라도 주고자 한다. 그러나 인간은 하늘을 원망하는 경우가 허다하다. 하늘은 누구나 잘살기를 원하며 그러한 기운을 주고 있다.

결국 하늘은 우리들에게 항상 용서를 할 뿐이다.

자신은 살아오면서 얼마나 용서했는가를 생각해 보라. 참지 못하고 남을 미워했는지, 아니면 자신의 욕심으로 발전을 막았는지, 이러한 모든 것들은 하늘이 원하는 것이 아니다.

지금 이 시간도 하늘은 무엇을 원하지 않아도 우리가 사는 세상에 밝은 빛과 어둠을 알맞게 내려주고 있다. 내려주는 빛과 어둠을 이용해서 인간은 어떠한 것을 재창조하며 살아가는 것이다.

다만 어둠과 빛을 자신만 갖고자 하지는 않았는지 인간은 상대방을 통해서 얻어지는데 그 소중한 것을 알지 못한다. 나는 이러한 것을 알리고 싶은 마음이다. 그래서 가끔 하늘에서 주는 메시지를 전해 주고 있는 것이다. '누구나 하늘이다.'

그 말은 그렇게 살아야한다는 뜻이다. 얼마나 하늘을 닮아가면서 살아가는지 스스로 반성을 하며 살아가야한다.

결국 하늘은 높은 것도 낮은 것도 하나가 되기를 원하고 있다.

난 이렇게 생각을 한다. 누구나 하늘이 되기를, 그래야 전쟁도, 가난도, 소외도, 괴로움도 없기를 기원한다.

지금 세상은 어떠한가? 서로 불만이 없는가?

불만이 있다면 불만을 만족한다는 생각으로 바꿀 생각은 없는가?

만약 그렇게 생각을 한다면 세상은 분명 밝은 마음과 밝은 세상으로 변할 것이다. 하늘은 연구하는 사람은 많지만 진정 하늘을 알 수 없어 하늘을 본다면 내면을 알아야 할 것이다. 하늘은 인간의 편이라는 것만 말아도 살아가는데 많은 도움을 받게 된다.

하늘은 인간에게 어려운 것을 원하지는 않는다.

누구나 하늘의 도움을 받고 산다는 것은 부정하지 않을 것이다.

다만 하늘과 대화를 하지 않고 산다는 것이다. 하늘은 인간과 대화를 원하고 있다. 그래서 인간은 기도를 통해서 하늘과 대화를 원하는 것이다.

하늘은 언제나 인간에게 자연과 같이 살기를 기대하고 원하고 있다. 하늘은 인간의 편이다. 하늘은 인간과 같이 있어 하고 싶어 한다. 하늘은 인간을 깨우치게 하고 싶어 한다. 하늘은 인간에게 없는 것을 만들어준다. 하늘은 인간에게 가장 큰 선물을 주신다. 하늘은 인간을 사랑한다.

하늘은 마음속에 있다. 하늘은 받는 것보다 주는 것을 좋아한다. 하늘은 인간에게 사람을 가르친다. 하늘은 영원하다. 하늘은 자로 잘 수 없으며 측량을 할 수 없다.

하늘을 닮는 것이 인간이 살아가는 기본이다.

하늘은 인간이 기도하면 받아주신다.

하늘은 인간들에게 용서하는 법을 알려주신다.

그래서 나는 하늘을 사랑한다.

추워요

나는 지금도 가끔 추운 곳에 살던 때가 생각난다.

난방이 안 된 산에서 기도할 때면 하기 싫은 생각이 앞서 기도가 제대로 되지 않을 때가 한두 번이 아니었다. 그것을 참느라고 한참 혼이 났던 기억이 새롭다.

그렇다. 깨달음으로 가기 위해서는 더위도 참고 추위도 참는 것부터 시작인 것이다. 그러한 경험이 없었다면 지금의 나는 없었을 것이다. 그래서 하늘에 항상 감사를 한다. 지금은 추우나 더우나 견딜 수 있는 힘이 있다.

여러분들도 어떠한 것을 이루려면 이러한 참음을 알아야한다.

그러나 오랫동안 하지 않고 짧은 기간에 포기하는 사람들이 얼마나 많은가? 그래서 깨닫고자 한다면 어떠한 어려움도 이기고 나가야 하는 것이다.

지금의 나는 이 글을 쓰면서도 항상 하늘의 계시나 소리는 인간 누구에게나 내려주신다는 것을 알게 됐다. 이러한 내용을 나는 알리고 싶은 마음이다.

지금도 마음이 추운 사람들은 어디든지 많다 특히 성공을 위해서는 마음이 추운 세계를 지나고 나서야 성공이라는 것을 알 수 있다.

지금 추운 마음을 가지고 있다면 기도를 시작해라. 대상은 아무나 좋다. 예수도, 부처도, 단군도 다만 진실로 해야 한다는 것을 잊지 말아라.

들어주는 사람의 아니면 영, 그리고 혼이 감동할 수 있도록 해라. 그때까지가 힘이 들 것이나 그 뒤는 산다는 것이 즐겁고 행복한 것을 느낄 것이다.

이제야 많은 사람에게 이런 글을 쓰는 나는 행복하다.

남에게 나를 소개하고 알릴 수 가 있다면 그 이상 성공은 없는 것이다. 사람이 안정이 안 된다는 것은 자신을 바로 알리지 못하는데서 오는 것이다.

자신을 명확하게 표현하라. 그 표현이야말로 나를 진정으로 승화시키고 발전을 가져온다.

여름에도 추위를 느끼는 사람이 있을 것이다.

그것은 자신의 마음에 신명이 나갔기 때문이다. 신명이 있다는 것과 나간 것과는 인간이 살아가는데 가장 중요한 것이다. 그러므로 신명의 기운을 살리는 것이 자신의 마음을 데우는 것이다.

다시 말해 항상 즐거움이 따르는 것이다.

인간은 어떠한 것에 의지를 하며 살아가는 것이다. 의지를 한다는 것은 인정한다는 것이다.

인간은 어떠한 것이든지 인정을 하며 인정을 받는 사람이 돼야 한다.

인정을 받을 때 인간은 저절로 성장하는 것이다.

신명을 살려라. 그래야 추위는 사라진다. 신명에 추위는 약하다.

서로 같이 훈훈함이 싹트는 길로 가자.

절벽이 많네

인간에게 하늘은 수많은 절벽을 내려주셨다.

살면서 수많은 절벽을 지나가야 한다. 특히 영성으로 살려면 그만큼 어려운 관문이 많은 것을 알아야한다. 남을 리더 한다는 것은 그만큼 많은 노력이 있어야한다.

말로만 하는 노력은 살아가는데 도움이 안 된다.

지금 어느 계곡을 넘어가는가?

돈의 계곡을, 아니면 사랑의 계곡을 아니면 다른 것으로 항상 넘어가는 것이다.

단, 하늘의 계곡은 보이지 않아 어느 것보다 힘이 들 것이나 그 계곡을 즐겁게 넘어가야 평평한 길을 맞볼 것이다.

아직도 하늘의 맛을 보려면 어려움을 어렵다 생각마라. 그러한 마음을 갖는 것도 중요하다.

인생이다. 계곡이 아닌가. 넘어가면 또 있고 넘다보면 또 나타나는 것이다. 이러한 계곡을 넘는 요령을 배워 넘어가자. 그래야 인간은 잘 살 수 있다. 계곡은 우리에게 많은 교훈을 남길 것이다. 나 또한 그러한 계곡을 지금도 넘어가고 있다. 물론 어떠한 계곡인지가 문제가 될 것이다. 난 지금 우주의 계곡을 넘어가는 중이다. 그것도 우주의 정 가운데를 지나가는 중이다.

결국 인간이 우주의 계곡을 넘어야 깨닫게 되는 것이다.

지금 어느 계곡을 넘어가는 것이 중요한 것이 아니라 어떠한 계곡이든 열심히 탈환해라.

그렇게 되면 유체이탈을 하게 된다. 유체이탈은 나를 성공 속으로 빠뜨린다.

내 자신이 노력하면 하늘이 도움을 주게 된다. 그래서 정주영 같은 사람을 만든다.

내 노력은 하지 않고 그냥 사는 사람들이 얼마나 많은가? 계곡의 맛을 알아야 인간은 성공의 진맛을 스스로 느낀다. 나도 역시 느끼고 있다. 우주는 그러한 사람을 좋아한다.

무엇을 하려거든 인간에게 잘 보이지 말고 하늘에 잘 보여라. 거기서 점수를 두둑이 줄 것이다.

절벽의 묘미를 느껴야 그 나라의 흥망성쇠를 알 수 있는 것이다.

우리나라는 앞으로 힘이 들어도 하늘과 조상에게 잘한다면 어느 나라보다도 발전을 할 것이다.

나의 발전을 나라의 발전으로 알고 열심히 남을 배려하고 더불어 사는 방법을 터득하라.

그래야 나라가 겪는 어려움을 실감할 것이다.

자신의 나라에 도움을 주는 인생관을 갖자.

그것이 계곡의 힘이다.

나만의 사랑

자신이 가장 사랑하는 것이 있다면 무엇이라고 생각하는가?

누구든지 가족을 우선으로 할 것이다. 그러나 난 다르다. 그렇다고 내가 인간이 아니기에 그런 것은 아니다. 난 가장 사랑하는 것이 있다면 깨닫기 위해 노력하는 사람을 사랑한다.

왜 그런 말을 할까 나는 의아하다. 내 자신도 모르게 그런 생각을 갖고 있다.

여러분들이 사랑하는 것이나 내가 사랑하는 것은 결국 같은 것이다. 깨닫기 위해 가족을 사랑하는 것이다.

이제 나는 하고 싶은 말을 해서 참으로 좋다. 아니 읽는 사람이 많아서 좋은 것이며 읽어주는 사람이 없다면 이 글은 필요없다.

인간은 자신을 가장 사랑해야 한다.

그래야 어느 것이든 사랑을 할 수 있다.

다만 그것까지도 하늘에서 해줘야 한다. 이제 인간은 자신의 내면을 찾아가야한다.

내면을 찾기란 쉬운 것은 아니나 내면을 알려고 하면 도망을 가버리지만 내면이 원하는 것을 한다면 무작정 당신의 내면은 살아서 움직인 것처럼 좋은 것이라는 것을 알게 한다.

언젠가 나처럼 그대로 생각한다면 누구나 깨달을 수 있는 길이 열릴 것이다.

나를 안다는 것은 우주를 아는 것과 같은 것이며 나를 알고자하면 나를 사랑하며 나를 내세우지 않아야 한다. 그래야 진정한 나를 찾아 먼 여행을 할 수 있는 것이다.

우주를 하루에도 8번 이상 돌아올 수 있는 공부가 내적으로 쌓이며 나를 형성하는 것이 무엇인가를 알게 한다. 진실을 알기 위해서는 영적으로 우주를 몇 바퀴 돌아야한다.

난 가끔 우주를 돌다 깨달음의 한 뭉치를 갖고 오기도 하며 그것을 나눠주는 일을 한다.

지금 이 시간도 멀리서 나를 찾으러 온 사람을 만나서 우주의 소리를 하곤 한다.

우선 기도를 하려거든 나를 찾는 기도부터 완성되어야 어떠한 것이든 이루어진다는 것을 알고 기도를 해야 한다. 이제 나를 사랑하고 찾았다면 더 이상 찾을 것이 없고 세상에 부러운 것이 없다.

부디 독자 제위도 그렇게 되길 간절하게 빌어본다.

혼삿길이 막혔네

누구나 잘 살기를 원하나 그것이 마음먹은 대로 이루어지지 않는데 거기에는 다 이유가 있다.

알다시피 난 그러한 이유를 여러분들께 알려주려고 하고 있다.

책을 읽은 여러분들이 많은 사명을 알고 있다.

인간이 살아가는 방법, 인간이 태어나고 죽음을 왜 두려워하는지 그리고 지금 현재 자신의 모습을 책임질 수 있는지. 아마 그렇지 못한 사람들이 허다할 것이다.

동물이나 식물들이 인간의 눈으로는 볼 수 없어서 그런 것이지 결혼을 한다.

예식장은 자연에서 결혼식을 하기에 인간의 눈으로는 식별을 못할 뿐이다. 모든 자연은 음양으로 구성이 되었기에 가능한 것이다.

인간이 살아가며 제일 행복은 우선 가정이 안정되어야 한다.

그렇게 하기 위해서는 올바른 사고를 갖고 있고 얼마간 공부를 통해 인간으로 형성될 때 무엇인가 이루어질 때 많은 쾌감을 느끼게 된다.

결혼을 해서 이혼을 하거나 결혼조차 못하고 사는 사람들이 많은 것을 여러분들은 주위에서 많이 접하고 느끼며 살아간다.

결혼을 하고 행복을 추구하며 살아가는 것이 인간이 해야 할 과제이나 그렇지 못하고 산다면 불행이라고 할 것이다.

이 책을 읽는 독자 제위는 무엇인가 허전해서 이 책을 음미한 것이다.

이렇듯 하늘은 인간들에게 많은 과제물을 선물해 주셨다.

오늘도 하루가 지긋지긋하다고 생각한다면 자기도 모르게 지긋지긋할 것이다.

이렇듯 사람은 마음먹기에 따라 하루가 달라진다.

이미 인간은 하늘과 결혼을 하고 태어난 것이다. 물론 인간적으로가 아닌 영적으로 한 것이기에 무릇 살아가는 것이며 인간이 죽고 나면 혼이 하늘로 올라가는 것이다.

지금도 마음이 괴로워 살기가 어려운 사람이 있다면 마음만 고쳐먹는다면 살아가는데 많은 용기가 생길 것이며 살아가는데 많은 도움이 될 것이다.

우리가 살아가면서 종교를 갖고 살아간다는 것도 자신의 마음을 강하게 하기 위해 그런 것이다. 그래서 인간이 결혼을 한다는 것은 마음을 강하게 만들기 위해 하는 것이며 하늘의 기운을 받아 사는 사람은 결혼을 하지 않아도 그 강한 기운이 있기에 살아갈 수 있는 것이다.

그러므로 인간은 누구나 결혼을 하고 살아가는 것은 아니다, 오히려 결혼을 하지 않아야 될 사람이 결혼을 하고 살아간다면 힘들 것이다. 그리고 상대방까지 망치게 한다.

나 술 취했어

나도 인간이기에 가끔 술 한 잔씩을 한다.

그러나 많이 마시는 편은 아니다.

또한 그렇게 좋아하지는 않는다.

대학교 입학을 하고 미팅을 할 때는 술 한 잔으로 자신을 보이게 되는데 잘못 마시면 술로 인해 자신을 파괴하는 경우도 종종 있다.

사람이 강한 마음이 없다면 술의 힘을 빌려 살아가는 사람도 요즘 많이 볼 수 있다.

아마 소주가 세상에서 가장 싼 술이기에 그럴지도 모른다.

돈 얼마 들이지 않고 할 수 있는 일이 아닌가 생각한다.

술을 많이 먹으면 머리가, 인간은 업그레이드 된다.

그때 신기가 발동되는 것이다.

누구나 신기는 있다. 많이 있고 적은 것이 문제이다.

신기가 누구보다 많은 사람은 술을 물처럼 먹게 된다.

자신도 모르게 먹는 것이다.

지금도 술을 많이 먹는 사람은 한번 자신을 돌아보라.

신기가 얼마나 있는지 지금도 알코올중독으로 살아가는 집이 있다면 우선 먹는 사람의 기운을 보라. 신기가 있어서 그런 것인지 무조건 알코올중독이라 하지 말고 그 사람에게 안정할 수 있는 말을 해보라. 말로는 안 되는 경우가 많다.

속상하다고 술 마시지 마라.

술은 사람을 바르게 하기 위해 준 하늘의 선물이다.

술 문화를 바꿔야 나라가 발전한다. 물론 옛날 사람들은 술로 인해 나라를 구하는 곳에 쓰여지기도 했다. 그러나 요즘은 아부를 위해서 아니면 접대를 위해 술 문화가 형성된다.

부패와 난잡함을 위해 술이 쓰여진다면 그 나라는 영원히 소생하지 못하고 망할 것이다.

청계산

서울에 오면 강남구에 청계산이 있다.

이 청계산은 많은 기운이 들어있는 곳 중에 산이다. 특히 경기도와 서울을 가르는 기운이 어느 산보다 좋은 기운이 나온다. 그래서 웬만한 사람이면 도봉산보다 더 많은 사람들이 찾아간다.

나도 청계산을 몇 번 가본 적이 있다.

강화 마니산보다는 못해도 거의 가까이 가는 기운이 서려있다.

결국 마니산은 종합적이라면 청계산은 단적으로 말해서 정치인이나 사업을 하는 사람에게 좋은 기운을 주고 있다. 그래서 정치를 하거나 사업을 하는 사람이 잘 가는 곳으로 알려져 있다.

물론 강남은 청계산으로 가는데 강북은 도봉산을 선호한다. 그래서 사람들은 어떠한 것을 알지 못해도 스스로 느끼게 된다.

그만큼 산신이 강한 곳이 청계산과 도봉산이다. 그래서 난 사업이나 정치를 한다고 하는 사람들은 그곳으로 인도한다. 갔다 오면 자신도 모르게 좋은 일이 생기기 때문이다.

인간은 땅의 기운과 하늘의 기운을 받고 살아가기에 가끔 산행을 하는 것이 인생을 평화롭고 건강하게 만들고 있다.

오늘도 나는 기도를 하면서 우리나라의 기도 터가 어디가 좋은지 파악을 하고 그곳을 찾아오는 손님에게 알려주곤 한다.

결국 청계산의 기운으로 인해 강남에 사람들이 몰리는 것이다. 그래서 일이 잘되려면 청계산을 올라야 하는 것이다.

동물로 표현한다면 청계산은 아주 큰 구렁이이다.

나무로 표현한다면 하얀 히야신스이기에 여성이 이 산을 다닌다면 앞으로 하고자 하는 일이 저절로 이루어진다.

단, 강화 마니산에서 청계산까지 수호신들이 서로 통화를 하고 있다. 결국 마니산과 청계산을 골고루 다닌다면 기도하는 사람에게는 어느 곳에서 기도를 하는 것보다 훨씬 하는 일이 빠르게 이루어지는 것을 알게 한다.

강남에 사신다면 일주일에 한번쯤은 다녀보라.

물질을 만드는 산이라는 것을 알 수 있을 것이다.

청계산과 친구가 되라.

산중에서는 판사 같은 산이다.

신(神) 사냥

언제부턴가 나는 신을 알았다.

그 신은 항상 내 곁에 있다는 것도 알았다.

신은 항상 인간에게 미래를 전해준다는 것도 알았다.

지금 기도를 한다면 신과 함께 하고 있는지를 알아야한다.

그래야 기도의 효과를 알 수 있고 효과가 있다.

이제 여러분들은 기도의 효과를 기도를 통해 알아야 제대로 신들의 춤소리를 파악하고 대화하고 느낄 수 있다.

우선 신 사냥을 하기 위해선 신을 긍정해야하며 신들의 언어를 알아야 한다.

그러나 언어를 모르고 기도를 한다면 그 기도는 응답이 없는 기도라는 것을 알아야한다. 다음은 '신은 항상 인간들의 편이다'라는 것을 알아야한다.

그래야 신들을 자신의 편으로 만들 수 있다. 신들은 인간과 같이 하고 싶어 한다. 다만 인간의 생각이 걸림돌이 된다. 아무래도 신들은 사람보다 한층 감각이나 느낌이 더 빠른 것을 통해 인간에게 많은 도움을 준다. 그래서 신명의 차이로 인해 인간은 잘 살고 못 사는 차원으로 나누어진다.

그러므로 신을 알아야 사회생활을 하기 쉬워지고 신의 조화로 인해 어떠한 일들이 이루어지는 것이다. 그래서 신의 세계는 긍정을 할 때 신을 알고 신과 대화를 통해 우주관과 인생관을 알 수 있다.

나 역시 인간의 배움은 없어도 신들에게 배웠기에 지식이 아닌 지혜의 문이 열려 살아가고 있다.

대신 올바른 신을 알아야 어떠한 일이라도 풀어갈 수 있다.

신들을 사냥한다는 말이 웃기는 얘기라고 할 수도 있다.

분명 신들은 어떻게 사냥하느냐에 따라서 성공할 수 있는 것이다. 이제 여러분들은 신의 존재를 바로알고 살아야한다.

인간이 사는 것도 태어나는 것도 그 밑에는 신들의 존재가 있기에 가능한 것이다. 그러므로 신들은 인간의 몸에 70프로 정도의 기운을 가지고 있다. 만약 신의 기운이 없다면 사람은 죽은 것이며 생성이 된다면 살 수 있는 것이다.

나 역시 신을 모르고 살았던 사람이지만 신을 긍정하고 살아보니 모든 것이 신이 관여한다는 것을 알았다. 깨닫는 것도 신들의 도움이 없이는 할 수 없다는 것도 알았고 신들이 없다면 깨달음이라는 자체도 없다는 것을 알게 되었다. 다만 신을 다루어야 한다는 것이다. 신들을 다루지 않고서는 신의 노예가 될 것이며 신과 동등한 관계를 유지하는 것이 가장 중요하다.

물론 인간이 신들을 이길 수는 없지만 신들의 말을 듣는다는 자체가 신들을 다루는 것과 마찬가지인 것이다. 신들을 사냥한다는 것은 하늘을 알 수 있고 우주를 아는 데는 고속도로이다.

여러분들은 신의 존재를 알고자 한다면 우선 기도의 목적과 수행하는 것이 신들을 위한 것이라고 한다면 '아, 그렇구나'하고 언젠가 감탄을 할 것이다.

신들은 인간과 같이 세상을 살아가고 있다. 또한 신들은 인간보다 더 많은 세계를 안내하고 인간보다 더 오랜 세월을 살아갈 수 있다.

언제 할래

사람은 항상 어떤 일이건 당장 하는 것이 불가능한데도 가능한 것처럼 말을 하다가 오히려 많은 시련을 당하게 되는데, 그 이유는 신과 합일이 안 됐을 때 일어나는 현상이다. 그래서 인간은 신과의 합일을 가장 중요시해야 한다.

무당이 굿을 하는 것도 신과의 합일을 위해 하는 것이며 앞에서도 말했지만 지금은 모든 사람들의 영의 수준이 높기에 굿을 하는 세상이 아닌 것이다.

아직도 굿을 하거나 굿을 하라고 강요해도 아무런 소용이 없는 것이다. 그래서 하는 말이지만 지금은 굿을 하는 신명들은 없다. 만약 있다면 그 신들은 잡신인 것이다.

잡신을 가지고 참신인 것처럼 굿을 한다면 참 우스운 일이다.

지금도 어디에선가 이러한 일들이 공공연히 일어나고 있다. 그래서 오히려 신을 알지 못하는 서민들을 죽이고 있는 실정이다.

이 점을 안다면 이젠 굿을 하지 않을 것이다.

무당집에 가보면 신기가 있다. 굿을 해야 한다는 이런저런 말을 많이 들었을 것이다.

도대체 말도 안 되는 말을 할 것이나 신에 대해 무뢰한이 알 수가 없는 것이다.

이제 여러분들은 신의 세계를 알아야 한다는 뜻을 이해할 것이다.

어떠한 것을 맞췄다고 대단한 일은 아니다. 그러나 모르는 사람들은 대단하니 보통이 아니니 하지만 인간을 볼 때는 그 기운을 바로 알아야한다.

그러므로 인간을 볼 때는 영으로 볼 수 있고 그 기운을 읽을 때는 나 자신은 나서지 않고 없어야 하는 것이다. 능력도 없이 점을 보는 사람이 많은데 유의해야 한다. 차라리 능력이 없다면 식당을 다니더라도 올바로 살아야한다.

하늘은 아무나 그러한 능력을 주지 않으며 하늘의 소리를 전해 주는 것이 쉬운 일이 아니라는 것을 알아야한다.

잡신을 가지고 사람이 살아간다면 사회가 올바로 갈 수 없다.

그래서 참신으로 살아가야 그 나라가 번영이 오는 것이다.

깊은 것은 내 마음

항상 난 이러한 질문을 받는다.

"어떻게 하면 깨달을 수 있어요?" 하고 질문을 해온다.

그럴 때면 나는 이렇게 답변을 하곤 한다. 물론 사람마다 다르지만 인간은 깨닫기를 원하지만 아무나 깨닫지는 못한다는 것을 알아야한다.

단 누구나 원하는 대로 깨닫는다면 얼마나 좋을까?

그렇지 못하고 생을 마감하는 것이 문제가 될 것이다.

이제 깨닫고자 하는 분은 우선 잘 들어야 할 것이다.

먼저 깊은 마음속을 열어놓는 것이 우선이다.

하늘은 인간이 깨닫고자 하거나 안하거나 깨닫고 살기를 원하고 있다.

이제 여러분들은 시작을 잘해야 한다는 것을 알아야한다.

하늘은 이런 사람에게 깨달음을 준다.

1. 인간적인 생각을 버렸을 때 영적능력을 주신다는 것을 알아야한다.
2. 현재 알고 있는 상식을 감춰 놓는 것이 깨달음을 준다.
3. 영이란 하늘의 소리라는 것을 인정해야한다.
4. 어떠한 신이든 대화가 되어야한다.
5. 책을 읽지마라. 단, 영적으로 표현한 책을 읽을 때 하늘은 기운을 준다.
6. 깨달으려고 하지마라.
7. 이미 하늘은 인간이 깨달으려고 한다면 방해를 한다.

이 점을 고려한다면 이미 깨닫는 것은 어려운 것이 아니다.
이 책을 쓰면서 하늘의 소리가 얼마나 큰 기운인지 느끼게 된다.
하늘의 글과 말을 알아야 깨닫는데 도움이 될 것이다.
깊은 마음이란 하늘을 말하는 것이다.

친구야 어디가

사람은 태어나서 사회에 적응하며 친구를 만나게 된다.

어떠한 사람은 친구가 많은 반면에 신기가 있거나 영이 들어있는 사람은 친구가 없다. 심지어 직장이나 사업을 그리고 결혼도 못하게 하는 경우도 있다.

어차피 신명이 친구이며, 신명들과 살아가야 하기에 친구를 못 만나게 한다.

나는 요즘 항상 신기가 있는 사람들을 다루고 있다.

신에 대한 상식이 없는 사람들은 어딜 가도 의심을 할 것이다.

신이 들어있는 사람은 궁금하기에 여기저기를 다니는 것이나 그러한 사연을 모르는 주위의 사람들은 이상한 사람이라 취급을 할 것이다.

물론 나도 친구가 없는 편이다. 하지만 영적으로는 많은 신들을 알고 있다.

인간이 평생 친구로 인해 세상을 잘 살 수도 있고 세상을 적응 못할 수도 있다.

여러분들은 얼마나 좋은 친구를 알고 있는가?

그것이 제일 좋은 것이며 보물인 것이다.

인간적으로 나는 친구가 없고 어떠한 연고도 없기에 답답할 때가 많았다.

그러던 어느 날부터 많은 친구를 만나게 된 것이다.

그 친구는 용왕도 있고 산신도 있고 어떠한 기운이 들어있는 신비한 것도 있으며 인간들에게 지혜를 주는 그러한 친구도 있다.

그래서 나는 평범하게 살지 못하고 영과 함께 살아가는 것이다.

어떨 때는 인간적인 친구를 만나고 싶어도 영적으로 살아가야 하기에 만약 친구가 생긴다면 나이를 떠나 영성으로 살아가는 사람들과 합의를 할 뿐이다. 오늘도 나에게는 많은 친구들이 서로 잘 보이려고 온갖 일에 성의를 보인다.

나는 즐겁다. 친구들에게 잘 보일 필요도 없고 내가 하는 일만 열심히 한다면 된다. 인간은 내면의 친구로부터 소외를 당한다면 건강이 상하고 하는 일이 느려지며 하고자 하는 일들이 진행하기 어렵다.

이렇게 보면 내면의 친구가 자신의 수호신이 되며 자신의 수호신이 외면을 하면 어떠한 일이든 힘들어진다는 것을 알게 한다.

사주를 보는 것도 수호신에게 문답을 하는 경우와 같은 것이다.

인간은 영적인 친구를 많이 알아야 살아가기가 수월하다.

다만 영의 세계를 모르기에 친구를 만들기 어려운 것이다.

휴일에 산행을 하는 사람들은 자연과 친구가 되기 위해 내면이 활동을 하는 것이다. 자신의 내면이 자신인 것을 알아야 하며 그렇게 살아야 한다는 사실을 알고 살자.

지하철

사람들에게는 지하철이 있지만 영들에게는 허공만 있을 뿐이다.

하지만 하늘에 죄를 진 하늘의 명령을 통해 신들은 지하에 머물러 있게 한다.

허공보다 지하는 항상 위험한 공간이다.

그래서 지하는 환하게 조명을 만들어야 사고가 나지 않는다.

지하는 알다시피 언제나 음이다.

그래서 인간은 양에서 활동을 하고 살아야한다.

지하방을 살고 있다면 쉽게 병이 올 것이며 발전을 할 수 없다.

오히려 옥탑방이 좋을 것이다. 삼풍상가가 무너진 것도 121명의 잡신으로 인해 사고가 난 것이며 몇 년 전에 일어난 대구지하철 사고도 잡신으로 인해 수많은 인명 피해가 난 것이다.

차를 타고 가다가도 우연히 사고가 많이 나는 곳을 느끼는 곳이 있다.

그것도 잡신이 있기에 일어나는 현상이다.

평범한 사람들은 우연이라 말할 것이나 어떠한 일을 하든지 잡신이 없어야 진행이 잘되며 손해가 나지 않는 것이며 그렇게 되면 참신이 도울 것이다. 그래서 인간이 살아가는데 있어 잘살아가는 방법은 우선 집안에 잡신이 없는가를 중요시해야 한다.

잡신이 있다면 천도를 시키는 것은 물론이며 천도가 그래서 중요한 것이다.

나도 잡신으로 인해 수십 년간 되는 일이 없었던 사람이었다.

그래서 잡신이 있다면 안 된다는 생각이 더 든다. 물론 지신과 합의가 된다면 더 이상 말할 것이 없지만 지신과 합의가 될 때 어떠한 일이든지 성사가 되는 것이며 수맥이 흘러간다는 뜻도, 잡신의 농간으로 일어날 수 있다는 것도 알게 된다. 결국 인간은 잡신을 퇴치할 수 있어야 하면 자신이 못한다면 능력이 있는 사람에게 부탁을 해야 한다.

지하철과 합의가 된다면 사람에게는 많은 이득이 생길 것이며 사회가 발전될 것이다. 천신인 사람은 지하에 들어가기를 꺼린다.

지하철 타기를 꺼리는 사람은 천신의 기운이 많아 그런 것이다.

사람은 조상신과 천신으로 분류하는데 누구나 다 천신이 돼야 한다.

그래야 나라와 민족이 세계를 다스릴 수 있는 것이다.

무당은 조상신이다. 낮은 계급의 신이라는 뜻이다.

신을 부려야 천신인 것이다.

지하의 신을 마음대로 부릴 줄 알아야한다.

신에게 명령을 하는 영을 가져야 신을 부릴 수 있는 것이다.

그래야 지하철이 제대로 운행될 것이다.

공짜가 어딨어

모든 신들은 누구에게나 공평하게 좋은 기운을 주기 위해 하늘에서 보내준다. 하지만 인간이 무엇을 보여주어야만 신들도 인간에게 변화를 주기 위해 애쓴다.

그래서 사람들은 기도를 하는 것인데 욕심으로 이어지는 기도는 아는 체 하지 않는다.

그렇듯이 신들은 인간에게 노력과 인내를 가르치러 온 것이다.

세상에는 그냥 되는 것이 없는 것이 특징인데 이러한 것들은 신들이 알아서 하는 것이다. 인간은 신들에게서 떠날 수 없는 존재이다.

신과 함께 인간은 성장을 하는 것이며 신과 그의 혼을 인간은 사는 것이다.

인간은 공짜를 좋아하지만 신들의 세계는 공짜가 없는 세계인 것이다.

우선 인간은 신의 세계의 존재와 성장을 알아야한다.

물론 신의 세계를 안다는 것은 쉬운 일은 아니나 신들은 항상 우리들 옆에 있다는 것을 알아야한다.

난 신의 세계를 알지 못했던 사람이다. 그러나 이제는 다르다.

다른 것은 잘 몰라도 신의 세계는 알려하지 않아도 알 수 있다.

그것이 신의 세계이다. 인간이 알려고 한다면 알 수 없는 세계인 것이다.

이제 신들의 공간을 이해하며 인간이 모르는 세계가 있다는 것을 긍정하고 산다면 얼마나 편한지를 스스로 느끼게 된다.

그렇다. 인간은 태어날 때 어떤 기운을 가지고 오는 것인데 그것을 모르게 하는 것도 신들의 작용으로 모르게 하는 것이다.

신들은 어떤 것을 그냥 답하지 않는다.

그것이 공짜는 없다는 말이다.

이 글을 쓰면서도 공짜로 쓰고 싶다고 한다면 하늘은 노할 것이다. 아니다. 그런 생각조차 할 수 없을 것이다.

인간에게 노력의 근성을 알려주고 자연과 함께 살아가야 한다는 것을 알려준다. 얼마만큼 이해를 하느냐에 따라서 인생이 바뀐다.

인간이 알 수 없는 신의 세계는 냉정하다. 그러므로 신들에게 잘 보인다는 것은 신들에게 굽히는 것이 아니라 같이 살아간다는 마음을 가지고 있어야한다. 그래야 신들은 아는 체 하는 것이다.

우리는 흔히 공짜에 귀가 솔깃해 진다.

공짜는 사람의 마음을 흐트려 놓는다. 자신이 일한 대가만 받고 살아야한다.

공짜를 좋아한다면 자신을 무지로 만드는 무기이다.

좋은 것만은 아니다.

자유를 달라

난 가끔 우주의 기운을 받기 위해 70%의 영적으로 삶을 한다.

어느 날은 하늘에서 내리는 소리만 하고 살을 때가 한두 번이 아니다.

내가 아닌 다른 것으로 살아간다는 뜻이다.

내 자신을 찾았으니 그것을 쓰고 사는 것이다.

나를 못 찾고 산다는 것은 항상 형편이 좋아지는 것은 없는 것이다.

나를 찾고 산다면 인간은 자유를 그리워할 필요가 없다.

북한이 잘못 생각하는 것이 있다면 그것은 자신을 찾지 못했거나 찾으려고 노력조차 하지 않은 것이다.

자신을 찾는다는 것은 자기를 아는 것이다. 다만 자신을 알기 위해선 하늘에서 알려줄 때 알 수 있는 게 문제가 되는데 자신을 찾는다는 것은 모든 인생을 승리할 수 있는 것이다.

자유라는 것은 인간이 최초로 알아야하는 글이다.

자유는 하늘에서 인간에게 하늘을 머리에 이고 하늘이 서로 인간과 공유하는 것이다.

나는 지금 커다란 자유 속에서 다시 채워지는 자유를 누리고 있다.

그 이유는 자유는 마음속에서부터 출발을 하기에 마음이 제대로 좌정을 할 때 느낄 수 있는 것이다. 여러분들도 자유를 그리워하지만 자신의 자유가 소중한지를 알아야한다.

사람은 신명이 있기에 신명마다 자유를 풀이하는데 서로 개성이 짙다.

신명의 자유가 있어야 자신의 개성을 만들 수 있고 개성 속에서 자신을 표현할 수 있는 것이다. 부디 자신의 신명과 자유를 논하는 자가 되어라.

그것이 인생을 걸어갈 때 가장 중요하다.

인간은 자유를 가장 갈망한다. 우리나라의 역사가 얼마나 자유를 찾아 목숨을 바쳤는가. 자유는 목숨을 바칠 정도로 강한 마음이 싹틀 때 이루어지는 것이다. 과연 그러한 마음은 어디서 나오는가. 그것은 내면의 소리다.

내면을 다스려야만 한다는 것이며 이루어지는 것이다.

그래서 아마 이런 책을 만드는지도 모른다.

그렇다. 자유란 마음먹은 대로 하는 것이며 평화를 가져온다.

온 인류가 자유를 갈망하는 이유가 여기 있는 것이다. 그것은 사람의 힘으로 하는 것이 아니라는 것을 알 때 이룰 수 있는 것이며 그때부터 내면의 힘이 중요한 것을 깨닫게 된다. 지금도 마음속에서는 자유를 원하는 신명들이 있다. 그것을 찾아내는 것이 자유를 찾는 것이다.

아니, 자유를 내면으로 할 수 있다.

마음을 다스리는 자만이 자유와 평등, 그리고 환희를 알 수 있다.

이제 자유를 찾는다는 것이 얼마나 대단하고 힘이 드는지를 알게 한다.

내면을 알아야 한다는 것도 알아야하며 언젠가 인간의 내면의 소리를 듣게 되니 그때를 기다려야한다.

자유, 자유 신의 자유 구속에서 풀려나가자. 그것이 진정한 자유를 아는 것이다.

하늘은 내 친구

하늘을 알기 위해 많은 생각과 고민을 한다고 해도 그렇게 하면 할수록 하늘을 알 수 없다.

그럼 하늘은 어떻게 아는 것인가?

하늘은 인간이 죽어야 아는 것이다.

인간이 없어야 하늘은 자신을 보여준다.

다른 한 가지는 영성으로 간다면 하늘을 알 수 있다.

그렇다면 영성으로 가는 것이 무엇일까?

하늘에서는 이렇게 말을 들려준다.

'내면과 자연과 우주의 호흡이 영성으로 가는 것이다'라고….

그럼 하늘이 친구라 하는 것은 밤과 낮과의 흐름을 같이 하는 것이다. 그럼 어떻게 밤과 낮과의 동행을 같이 해야 하는가?

그것은 신들과 별들과의 전쟁을 말하는 것이며 신들이라는 것은 인간들이 몸속에 지니고 있는 것을 말하며 별들과의 전쟁은 신들의 모임을 말하게 되는 것이다.

하늘과 친구하기 위해서는 자신보다 하늘이 선택을 했을 때만 친구가 되는 것이며 지금 내가 하고 있는 일들을 하늘과 친구처럼 하는 것이라고 할 수 있는 것이다.

부디 신을 모시거나 영의 세계를 가려거든 하늘의 선택과 조상신의 선택을 먼저 생각해야 한다.

하늘을 알기 위해서는 수많은 고난이 따르며 알 수 없다가도 1초만에 알 수도 있는 것이며 하늘을 알고 난 뒤에 느끼게 된다.

하늘은 인간과 함께 가려고 한다. 하지만 인간이 모르기에 서로 상반되는 일을 하게 된다. 그러면 하늘은 노하게 되며 인간의 발목을 붙잡게 되는 것이다.

하늘과 친구로 남으려거든 자신이 하늘이 되어야 한다.

그만큼 하늘같은 마음과 하늘처럼 행동으로 옮길 때 비로소 하늘의 마음이라고 할 수 있는 것이다.

대한민국 모든 사람이 하늘이 된다면 보이는 것 모두 하늘이 될 것이다.

국민이 친구가 되고 우리는 하늘의 친구로 변하게 되는 것이다.

허가 나야 돼

영적으로 깨닫는 것은 하늘의 허가와 우주의 사인(sign)이 있어야한다.

하늘은 인간의 세계와 같이 상호 좋은 조건을 만들기 위해 서로 회의를 한다.

하늘에서는 수시로 많은 신명들이 하늘세계를 위해 모이기도 한다. 사람이 사업을 하려면 허가를 받아야 하듯 하늘세계를 알고자하면 허가를 받아야 하는 것이다.

무작정 하늘의 소리를 듣고자 하는 것은 자신을 멈추게 한다.

그래서 인간이 무조건 배워서 하는 공부가 아니라는 것을 알아야 한다.

신명세계는 오묘해서 말로는 알 수 없는 것이 신명의 세계라는 것을 이해하게 되며 하늘에서 자신의 마음을 읽어줄 때 사람은 알아가는 것이며 점점 자신도 모르게 깨달음으로 가는 것이다.

이제 하늘의 허가를 받는 방법을 알려주려 한다.

우선' 자신의 몸에 어떠한 기운이 잠재되어 있는지부터 알아야한다. 그러나 그것을 모르기에 헤매게 되며 돌아가게 된다. 하지만 그렇게 하는 것도 깨닫기 위해서는 필요하기는 하다. 그러므로 지금까지도 모른다면 오히려 실망을 말고 하늘에서 능력을 줄 때까지 기다려야한다.

한 인간을 깨닫게 하기 위해서는 인간보다 더 열심히 공부한 천신들을 보내주기에 사실 인간이 공부를 하지 않아도 깨닫게 되며 인간은 가만히 있어도 공부하는 형국으로 변한다. 그러므로 자신의 몸에 어떠한 기운이 있는가가 중요하다는 것을 인지해야한다.

하늘의 허가는 중요한 것을 알려주기에 사실 아무나 내주지 않는 것이 특징이나, 누구나 허가를 내주는 그러한 것도 있다.

우선 하늘의 천신들이 감시를 하며 그 안에서 합격을 한 사람만이 깨달음을 내려주는 것이다. 이러한 것도 모른다면 깨달음은 있을 수 없는 것이며 우주의 원리를 알기에는 어려운 실정으로 변한다.

천신들이 점수를 주는데 잘난 사람을 많은 점수를 주는 것이 아니라. 하늘에서 도구로 써야할 사람을 원한다는 것을 알아야 하는데 그것 때문에 여기저기 다시 말하면 도를 닦는 사람, 무당, 스님을 찾아다니는 것이다.

다만 그 사람보다 나의 영이 높다면 자신을 찾지 못해 가슴만 더 답답할 것이다.

나 역시 그랬던 사람 중에 한 사람이었다. 자신이 깨닫기 위해 노력을 한다면 안 된다는 사실을 알아야 한다. 자신 때문에 여럿 다치게 되는 것이 하늘을 아는 공부이다. 그러므로 그렇게 힘든 공부는 알고 나면 웃음이 난다. 너무 쉬운 것을 알려고 했던 만큼 그런 느낌이 가슴속에서 흘러나온다.

알려고 했던 것이 얼마나 잘못 되었나까지 알아야 하늘의 소리를 들을 수가 있는 것이다.

이제 여러분들께 당부하고자 한다. 어떠한 종교를 갖고 있던 자신의 신명과 같아야 한다는 사실을 알고 해야 한다고 그렇지 않다면 항상 실망을 하고 원망을 하고, 살아가는 것이 평탄하지 못하다. 가령 교회를 다닐 사람이 절에 가고 절에 다닐 사람이 교회에 나간다면 내면은 도움을 주지 않을 것이다.

우선 내면의 신명이 좋아하는 걸로 해야 한다.

그렇게 하다보면 깨닫는 것은 식은 죽을 먹는 것과 같다.

참으로 이상한 이야기를 한다고 할 수도 있다.

그러나 그것은 경험을 하지 않은 탓으로 돌리는 수밖에 없다.

하늘의 허가를 받는다는 것은 세상에 있는 모든 만물이 자신의 공부 매체라고 할 수 있다. 그것이 하늘의 허가이다. 그것이 깨달음의 순서가 된다.

자신을 알려고 하는 사람들이 많은 요즘 속상한 일이 한 두 가지가 아닌 사람들이 허다하다. 그것은 속은 모르고 겉만 알기에 답답한 것이다.

나도 한때는 그렇게 생각을 하지 않으려 해도 그런 적이 누구보다 많았다.

사람의 내면에는 정말 보이지 않기에 무시하는 경우도 많다.

물론 인간이 나빠서가 아니라 신명이 그렇게 할 때도 있다.

무엇이 문제인가. 하늘에서는 생각도 안 하는데, 자신이 깨닫고자 한다는 것은 얼마나 우스운 일인가를 알 때, 사람은 스스로 알게 되는 것이다.

내가 안 것은 아무것도 없이 하늘의 기운이 도울 때 일어나는 현상일 뿐이다.

그렇다. 난 허가를 받았다. 그래서 여러분들에게 자랑 아닌 자랑을 펼치고 있다. 누구나 그렇게 되었으면 한다. 그래야 민족이 살고 우리의 미래는 밝을 것이다. 부디 하늘의 허가를 받는 사람이 많기를 기원한다.

헝클어진 머리

지금 당신의 머리는 단정한가?

스님이 머리가 일률적으로 하고 있는 것은 같은 생각과 행동을 하기 위한 내면의 구속이다. 학교를 다닐 때나 군대를 갈 때 머리를 삭발하는 이유가 거기 있는 것이다. 여자는 싸울 때 머리를 잡고 자신의 힘을 표출한다. 소도 머리로 받아 자신의 기운을 표출한다.

머리는 두 개의 골로 좌뇌와 우뇌로 구분하는데, 난 좌뇌는 통 쓰지 않는다. 거의 하루 24시간 우뇌만 쓰는 편이다. 인간적으로 살려면 좌뇌를 써야하는데 난 어찌된 건지 우뇌를 쓰게 만들었다.

우선 신명의 세계로 들어간다는 것은 우뇌의 세계이다. 그래서 뇌호흡이라는 것은 우뇌를 발전시켜야 하는데 우뇌는 인간적으로는 발전을 시킬 수 없는 것이다. 그것은 하늘의 조종이 필요한 것이다.

인간이 살아간다는 것은 좌뇌와 우뇌를 편정시키는 일이다.

좌뇌만 가지고도 안 되고 우뇌만 가지고도 안 되는 것이다.

인간 세계에서 잘 살려면 좌뇌가 최고지만 리더가 되려면 우뇌가 잘 돌아가야 한다.

인간의 머리는 죽어서도 자란다는 말이 있듯이 머리카락은 인간의 모든 신체를 함유하고 있기에 머리는 인간이 살아가는데 아주 필요한 존재이다.

머리가 헝클어져 있다는 것은 마음의 작용이 전달되는 과정에 아주 잘못된 신명이 만들어 놓게 되는 것이며 마음이 단정하면 머리도 그렇게 되는 것이다. 좌뇌보다 우뇌를 쓴다면 머리가 맑아지고 단정하게 된다.

신봤다

특히 산에서 산삼을 발견하면 "신봤다"라는 말을 한다.

인간이 가장 "신봤다"라고 소리를 지르거나 느끼는 것은 하늘의 영과 대화를 하는 데서 찾을 수 있다. 그래서 가장 큰 즐거움을 거기서 알 수 있다.

원래 인간은 자신이 원해서 되는 것보다 자신도 모르게 일이 이루어졌을 때 감동이 더 온다. 그것은 마음속에 영원할 수도 있는 것이다.

그렇듯이 우리는 마음속에 잊지 않고 영원한 것을 많이 만들어야 한다. 그러기 위해서는 욕심을 버려도 우연을 중요시하고 인연을 중요시할 때 만들 수 있다. 우리나라에 산이 훼손된 뒤에 산삼을 거의 사라지고 없는 편이다. 산을 그대로 관리한다면 인간에게 많은 것을 줄텐데 손해를 보고 있다.

무당이 굿을 하는 이유도 산에 기운을 받기 위해 하는 것이며 무당은 그 조상의 기운을 받기 위해 신명을 다해 일을 하는 것이다. 그래서 사람이 죽으면 산에다 묻게 되었고 그 기운을 자손이 받기를 원하고 있다.

그래서 사람은 조상이나 자연 그리고 하늘의 기운을 무시한다면 '신봤다'라는 고마움을 느끼지 못하고 살아가게 되는데 그 맛을 모르고 살아간다면 삶의 의미도 모르고 살아가게 된다. 요즘 세상은 산의 기운을 받기 위해서는 무던히도 애를 써야하는데 가끔 산행을 하는 것도 좋은 것이다. 특히 신을 모신 무당들은 산기도를 자주해야 한다.

산 기도야말로 무당에게는 산삼을 본 것보다 더 좋은 의미로 볼 수 있다.

마음이 아프거나 걱정이 있거나 사업을 위해선 산을 타야 된다.

산의 기운은 눈으로는 보이지는 않아도 산신이 도움을 주는구나 생각한다면 산행을 하는 하루는 어느 날보다 상쾌하고 일이 잘 돌아가는 것을 느낀다.

부디 살아가는 동안 "신봤다"라는 소리가 저절로 나올 수 있게 살자.

출세했네

난 누구보다도 살아있는 사람 중에 하늘의 축복을 받은 사람 중에 가장 많이 받은 것으로 생각한다.

하늘은 일부러 고생을 시키고 하늘을 알고 살라고 은연중에 충고와 가르침을 내려주시고 있다. 나는 하늘의 소리를 듣고 살기에 항상 바쁘게 살고 있다.

하루를 일주일처럼 쓰고 있다. 인간은 인간 속에 묻혀 살기에 다른 사람보다 나은 생활을 추구하며 살아간다. 그것이 당연하지만, 그렇지 않은 사람은 항상 고민과 불만을 토해낸다.

부모는 자식을 위해서라면 무엇이든지 하고 있는데 그것은 자식의 출세를 위해서 희생하고 봉사하는 것이다. 자식은 출세를 해서 부모에게 효를 해야 한다고 생각하며 살아간다.

다 그런 생각을 하고 산다.

나도 '부모님이 살아계셨다면 나에게 얼마나 기대를 갖고 살고 계실까? 난 부모님이 살고 계신다면 얼마나 나를 좋아하실까'도 생각한다. 어릴 때에는 부모님에 대한 존경을 하지 않고 살아서 더욱더 그립다.

누구나 그런 적이 있겠지만 인간이 살아가는 방법을 몰랐기에 그렇게 살았다. 지금은 하고 싶어도 못하는 효도를 내 이웃을 위해 살고 싶은 마음이다. 쉬운 것은 아니나 그렇게라도 생각을 한다면 내 자신이 편안해 질 것 같다.

이제 난 혼자 사는 것에 인이 박혀있는 사람으로 세상 사람과 살고 싶다.

인간들의 출세도 하고 싶다. 인간들의 출세는 결혼하고 아이 낳고 살아가는 것도 큰 출세이다. 그러한 과다한 욕심으로 지금 그렇게 살고 있는 것도 출세인데 그것을 모르고 살고 있다.

인간들이 말하는 출세는 무엇인가?

나는 이렇게 생각을 한다.

출세라는 것은 대단한 것은 아니다.

제4장

이리 오너라

곤장 백 대

죄인이 따로 있는 것이 아니다.

자신의 죄를 인정하지 못한다면 죄인이 된다.

그 죄는 내면이 만들고 죄의 대가는 겉모습이 책임을 지게 된다.

이것을 볼 때 인간의 죄는 내면의 죄요, 대가는 겉모습이다.

내면의 세계를 알기까지 난 내 겉모습을 잃어버리기로 했다.

겉모습은 내면을 알고 나서 찾기로 한 것이다.

이제 나는 그동안 하늘에서 많은 매를 주신 것이다.

인간은 누구나 하늘에서 매를 주신다.

싫다고 한다면 매를 안주는 곳이 하늘이기도 하다.

그만큼 관심이 없다는 말도 된다.

난 싫다고 한 적이 없었기에 항상 하늘의 매를 즐겁게 생각했다.

그만큼 하늘의 매를 맞고 나면 머리가 맑아지고 상쾌해지며 나날이 그 매로 인해 변화를 가져온다.

그 매는 깨달음의 매인 것이다.

일부러 곤장을 맞으려 해도 아무에게나 곤장을 들지 않는다.

그만큼 하늘의 곤장은 맞기도 힘든 것이다.

하늘의 곤장을 맞는다면 그 사람은 미래가 밝을 것이다.

다만 얼마만큼 인내가 있고 참을성이 있는가를 테스트하기 위해 곤장을 치는 것이다.

그만큼 하늘이 관심을 갖고 있다는 의미이다.

여러분들은 하늘의 곤장을 맞아보기를 원하는가? 그럼 하늘을 위해 무엇을 할 것인가를 생각하라.

"하늘은 스스로 돕는 자를 돕는다"라는 말을 실감할 것이다.

자신의 내면이 가장 원하는 것이 무엇인가를 알게 하며 또한 자신이 무엇을 할 것인가를 알게 된다. 그래서 하늘의 문을 열게 한다.

하늘의 문을 열어 들어가려고 한다면 곤장을 두려워하지 말아야 한다. 곤장의 힘이 얼마나 대단한지를 알 것이다.

사람이 산다는 것은 하늘에 곤장을 알고 사는 것이며, 그 곤장과 서로 합의가 될 때 사람다운 일을 하게 되는 것이다. 물론 곤장은 사람이 상상 못할 정도로 심한 괴로움을 준다.

하지만 참는다면 그 곤장은 자기 것으로 만들고 싶을 것이다.

하늘의 곤장 백 대를 다 맞아야 인생의 묘미와 삶과 죽음을 알게 된다. 그리고 천당과 지옥을 알 수 있다.

그 곤장은 보이지 않는 우주와 같은 것이다.

봉고차 사랑

서민들이 가장 좋아하는 차는 사람이 많이 타는 실속 있는 봉고차이다.

나도 한 때는 봉고차로 기도를 많이 다니곤 했다. 지금도 가끔 멀리 기도를 가는 경우에는 봉고차를 이용한다.

나에게는 소중한 차이다.

우선 돈이 많이 안 들어 좋고, 자면서 갈 수 있어 좋다.

차에다가 많은 영을 태워 같이 기도를 가기에 더욱 좋다.

난 기도를 가면서 영이 같이 기도를 간다는 것을 몰랐다.

어느 날 부산을 갈 때 일이다.

어머니의 혼이 부산에 다다를 때 나를 반겨주었다.

그때는 어리둥절하였다.

"어서오너라"하고 답을 하시는 것이다.

이때 나는 '아, 기도는 혼으로 하는 것이구나' 하고 깨닫게 된 것이다. 이 날 우리는 해운대로 기도를 하기 위해 왔다.

인간보다 앞서서 혼들은 미리 도착을 해서 마중을 나온 곳이다.

덕분에 기도를 한 적도 많았다. 혼들이 도와주어야 기도도 제대로 된다는 것을 알게 한 날이기도 하다.

그래서 단정하기를 기도란 혼과 나와 같이 있을 때 원하는 기도가 이루어진다는 것을 알았다.

기를 주고파

하늘은 그렇다. 인간들에게 무엇이든 주고 싶어 한다.

세계 민족 중에 천기를 받지 않은 민족은 없다. 하지만 그것을 모르고 활동을 한다. 지금도 하늘은 어느 민족이든 기운을 주고 있다.

사람이 하늘의 기운을 다하면 죽어가는 것이다.

우리에게 의식주를 주는 것도 가장 큰 기운이라도 볼 수 있다.

천신들은 지금 이 시간도 모든 자연에 기운을 내리고 있는데 인간들의 횡포로 인해 좋은 기운을 받지 못하고 살아가는 것이다.

천기란 우리 주위에 항상 보고 먹고 하는 것이다. 천기는 따로 있는 것은 아니다.

항상 인간은 천기와 같이 있다. 그러나 천기를 외면하는 바람에 천기를 받지 못할 뿐이다.

특히 낮은 신명을 가진 사람들은 천기를 무서워하거나 두려워하거나 자신이 받을 자격이 없다고 생각하는데서 오는 것이며 무당이든 스님이든 누구나 하늘은 주려고 하고 있다. 다만 하늘의 법을 알아야한다.

하늘의 법을 외면하고 자신을 추스른다면 하늘의 소리는 천명을 받을 수 없다.

나는 하루에도 몇 십 통의 전화를 받지만 안타깝게도 자신이 안다고 하는 사람을 많이 만난다. 그리고 '설마 나는 하늘의 기운을 받을 수 없을 거야' 하고 미리 생각을 하기에 천기를 받을 수 없는 것이다. 다시 한번 말하지만 천기는 누구나 받을 수 있는 것이며 운용을 할 수 있는 것이라는 것을 명심하라.

이런 사람도 있다. 무조건 하늘의 소리를 듣고 싶어 하는데 그것을 분간하지 못하기에 하늘의 소릴 듣고도 다른 생각을 하는 사람이 많다.

하늘에서는 우리 민족에게 천만 명이라는 많은 사람들에게 천기를 내려주었다. 그것을 아는 사람은 몇 명에 지나지 않는다.

참으로 안타까운 일이나, 어떠한 고난이 지나가면 저절로 인간에게 알려준다.

다만 인내나 참음이 없기에 그러한 기회는 찾아오기 힘이 든다.

그래서 "인내는 쓰나 열매는 달다"라는 말이 생긴 것이다.

다른 것은 몰라도 이 말에는 공감이 갈 것이다.

하늘의 기운을 받고 사는 인간은 하늘의 고마움을 모르고 있다.

하늘은 고마움을 알고 못하고는 따지지 않는다. 이것이 하늘이다.

뭘 잘하려고 할 필요가 없다. 하늘은 스스로 하게끔 한다.

자신의 머리로 하다가는 스스로 망가지게 하는 것이다.

천기는 언제나 내린다.

그것을 명심하라.

나침반

우주는 소리 없이 있다.

소리 없는 곳을 인간들이 좋아하기에 우주의 소리를 알고 싶어 한다.

우주는 나침반과 같은 것이다. 위치를 알려주고 방향을 찾아주든 인간이 살아가는 방법을 알려주고 있다. 또한 깨달음을 만들어 주는 곳으로 인간이 써먹기에 합당한 곳이기도 하다.

그러나 천지기운을 모르는 사람에게는 보기 좋은 떡으로만 보일 것이다.

천지기운을 누구나 다 느끼지만 천지기운을 느끼게끔 해주는 사람은 드물다. 천지기운을 느낀다고 자신이 전달해 주려하는데 아주 잘못된 일이다.

천지기운을 돌려서 남에게 전달하는 것은 고수의 도력이 있거나 하늘과 하나된 기운을 갖고 있을 때 일어나는 현상이다. 그래서 고수의 도력은 아무나 가질 수 없다는 것도 알아야한다.

만약 하늘의 기운을 전달할 수 있는 도력이 있다면 그야말로 인간 나침반이 된다.

신의 길과 영의 길 그리고 기의 길을 환히 알고 하는 행동이므로 그 나침반은 우주의 나침반인 것이다.

나는 나침반을 구하기 위해 많은 시간을 보낸 사람 중에 한 사람이다. 부처도 나침반을 가진 사람 중에 한 사람이었다. 그래서 부처를 따라가는 사람들이 전 세계적으로 많이 있다.

우주의 나침반을 가졌기에 그렇게 하는 것이다.

나는 우리 민족에게 여러 방면으로 나침반을 만들어 주고 싶은 사람이다.

우리나라 사람뿐만 아니라 가까이는 일본, 중국 그리고 미국 그 외 여러 나라들 사람들에게도 만들어 주고 싶다.

아니, 하늘에서 허락을 했다.

하늘을 통해야 우주의 소리를 들을 수 있기에 우선 하늘의 기운을 읽을 줄 알아야 나침반을 볼 수 있다.

물론 나침반은 신형도 있고 구형도 있는데 저절로 업그레이드가 되는 나침반을 하늘의 허락을 받아 만들어 주고 싶다.

이런 말을 한다는 것이 참으로 나에게는 벅찬 일이나, 소우주인 내가 우주에 고하면 들어줄 것이다. 참으로 희한한 일이지만 그렇게 하고 있다. 지금도….

단, 나침반을 갖고자 하는 사람이 인간성이 되었을 때 줄려고 한다. 그러므로 아무나 만들어 주기는 어려운 말이다.

나침반을 갖고 좋은 일에만 쓰여진다면 나침반 공장인 우주는 편안할 것이다.

귀신 잡는 해병

“귀신 잡는 해병이 누구며 어떤 일을 하는 사람일까” 하고 하늘에 물으니 이런 답을 내린다.

“귀신 잡는 해병이란 천신들이 하는 행위를 말하는 것이다”라고 답을 주신다.

집안에 일이 안되거나 병명을 모르고 살아가는 환자는 특히 천신을 불러 자신의 몸에 있는 귀신을 내보내야 한다.

그래야 하는 일이 편하게 풀어진다. 다시 말해 천신은 산신부터 천신이며 천신들이 하는 일은 조상신에게 명령을 하여 조상신들이 풀지 못하는 일들을 해결해 준다. 특히 천신은 암행어사 격으로 조상신들의 잘못을 일일이 적어 하늘에 고한다.

그래서 무당 중에서 천신이 내려온 무당은 절대로 굿을 할 수 없으며 계급이 높은 것을 알 수 있다.

신의 단계는 조상신으로부터 시작이 되기에 가장 낮은 급수로 잘 맞추기도 하는데, 앞을 모른다. 다시 말하면 과거는 알 수 있지만 미래는 맡기기가 어려우며 신들의 다양한 모습을 알지 못하며 그저 지나간 일들에만 관심을 갖고 있다.

천신의 기운이 들어있는 사람이 조상신을 모시는 사람에게 찾아간다면 무당이 말하는 것을 보고 코웃음만 나올 뿐인데 무당은 기분 나쁘게 생각한다.

이렇게 신의 세계는 다양한 면이 있는데 신만 받아놓고 한마디도 못하는 신의 제자도 허다하다.

그러나 자신이 무엇을 하나 맞추면 대단한 줄 알고 착각 속에 빠지게 된다. 그래서 신을 모시지 못하고 엉뚱한 방향으로 간다.

이럴 때 천신들의 힘을 빌러 자리를 잡아야 하는데 그런 것도 모르는 무당이 허다하다. 신들을 다루는 신들이 있기에 신의 세계는 정확히 알아야 신명을 불러들여 답을 얻을 수 있다.

우리나라에 굿을 하고도 말문이 안 트이고 법당을 연 무당도 허다하다.

그래서 오히려 굿을 하지 않고 살았던 기억을 하게 되며, 후회하게 되는데 그것은 신명을 바로 아는 사람을 못 만났기에 이루어지는 현상이며 신의 제자보다 신엄마라는 사람이 월등히 신의 세계를 갈파해야 한다.

이렇게 신의 세계는 평범한 사람이 알 수 없기에 쉽게 사람을 믿어버리면 패가망신하기 쉽다.

이제 귀신 잡는 해병에 대하며 궁금한 게 있다면 우선 천신이 무엇인지부터 알아야 한다. 천신은 하늘에 입적이 되어있는 신으로 우리나라에 있는 모든 신들의 동태를 살피고 있으며 천신이 등급이 되면 하나의 영으로 변한다.

그래서 신을 모시는 것보다 영으로 해야 깨끗하고 올바른 생활을 할 수 있으며 신을 모시고 하는 행위보다 훨씬 좋다.

영은 천신이 건들지 못하기에 자유자재이며 천신들에게 명령을 할 수도 있다.

영들이 천신에 명령을 해 나쁜 귀신을 몰아내는 것이며 그 원리를 알고 나야 신의 세계를 알 수 있는 것이다.

부디 귀신의 밥을 먹고살려면 귀신 잡는 해병이 되어야한다.

형사반장

형사가 되려면 우선 용기도 필요하지만 내면에 수많은 잠재의식이 있어야 한다. 우선 건강해야하며 다른 사람보다 머리가 월등해야한다.

형사들은 평범한 사람보다 신기가 많이 있어야하며 눈치가 빠르고 깊은 마음속을 들여다볼 수 있는 기능이 발달되어야 한다. 그래야 밤을 지세고도 건강에 무리가 오지 않는다.

이렇듯 사람의 몸에 어떤 기운이 있어야 일이 편해지며 처리할 수 있는 능력이 나오는 것이다. 어떠한 일이든 마찬가지이다. 있는 기운이 어떤 것인지를 알고 해야 일생 편함을 느낄 것이다.

예를 들어 스님을 할 사람이 목사를 한다면 어떻겠는가?

참으로 웃지 못 할 일이 일어날 것이다.

지금도 자신과 맞지 않는 직업을 갖고 하는 사람이 너무도 많다.

물론 자신의 직업이 100%로 만족을 하는 사람은 드물 것이다. 그것은 내면이 원하는 직업이 아니기에 일어나는 현상이다. 그래서 내면의 기운을 알아야 하는 것이다. 1년밖에 안된 사람이 어떤 직업에 만족을 느끼고 한다면 그것은 순전히 내면과 같이 가기 때문일 것이다.

그렇듯 직업과 성격은 내면과 같이 동행을 하고자 한다. 그래서 사람들이 사주를 보고 미래를 알고 싶어 하는 것이다.

나도 내가 이러한 기운을 몰랐던 사람 중에 한 사람이라는 것을 알았다.

이것이 사람이 살아가는데 가장 중요하다는 것도 알았기에 사람의 인생은 내면에 있다는 것도 알았다.

그만큼 내면은 인간의 일생을 좌지우지 하는 것이며 같은 동반자라는 것을 잊지 않아야한다.

미술가나, 음악가가 스스로 자신의 노력으로 가능하다면 누구나 할 수 있다.

그렇지 않다. 예능을 할 수 있는 기운이 있을 때 가능한 것이다.

그래서 인간의 나이 11살 때 인생의 진로가 결정된다.

내면을 모르기에 자신 마음대로 아니면 부모에 동의에 의해 자신의 진로가 결정되는 경우가 많은데 매우 잘못된 것이라고 할 수 있다. 다행이 자신과 부모님이 내면의 세계를 안다면 다행이지만 오히려 모르고 할 때는 발전이 없으며 가족이 항상 불안하다.

결론은 어떠한 직업이든 할 수 있는 기운이 들어 있어야하며 없다면 자신의 기운을 바꿔 생을 살아야한다.

인간은 자연과 더불어 간다. 그러므로 답답하거나 일이 풀리지 않을 때는 산과 강으로 나가야한다.

나의 내면을 알기 위해서…….

서울구치소

교도소, 인간적으로 말한다면 죄를 짓고 들어가는 곳인데 인간은 누구나 죄를 감하면서 살아간다. 자신은 죄가 없다고 분명히 말을 할 것이나 인간은 알게 모르게 죄를 한 꺼풀 한 꺼풀 벗겨간다. 그리고 죽음을 맞이한다.

나라의 수장들이 갇혔던 곳으로도 유명한 곳이 서울구치소이다.

왜 사람이 교도소에 갇혀야만 할까?

우선 신명이 한순간에 어느 자신을 돕지 않기에 일어나는 현상이다. 그러나 인간은 그러한 현상은 느끼지 못하기에 죄를 짓는 것이며, 자신도 모르게 그 일이 계속 진행되는 것이다. 다시 말해 잡신이 들어있다면 인간으로서는 해결 못하는 일이 진행이 되며 인간으로서 하지 않아야 할 일을 저지르게 되는 것이다.

전 인류를 볼 때 인간은 현재 우주 안에 갇혀서 살아가며 창살 없는 감옥에 있는 것과 같다.

누가 누구를 미워한다면 그 세상은 편한 세상을 만들기는 어렵다.

다만, 그 미워하는데서 발전이 있다면 다행한 일이다.

밝고 맑은 세상을 만들기 위해서는 우선 깨끗해야 한다.

우선 신명이 맑아야하며 그 신명이 돌봐주어야 하며 신명의 움직임으로 임해야 한다.

그래야 사회는 정직하고 경찰이 없고 군인이 없는 사회로 변천을 할 수 있는 것이다. 그렇다. 나는 이러한 사회를 기대하고 바라는 일을 하고 싶다.

누구나 그러한 마음을 갖고 살 것이나 영의 세계와 신의 세계를 모른다면 어려울 것이다.

악이 없는 사회로 만드는 것은 어떻게 보면 쉬운 것이나 영원히 숙제로 남을 수도 있다는 말이 된다.

이제 여러분들은 죄를 짓지 않고 살아가는 방법을 알아야한다.

우선 자신을 알아야 하는 것이 급선무며 남을 이해할 줄 알아야하며 내 것이 최고인양 한다면 어려울 것이다.

나보다 못한 사람을 더 생각하고 나보다 잘난 사람은 받쳐 줘야 한다. 그러면 아마 지금의 사회보다는 충실해질 것이며 발전이 있을 것이다. 그것이 나라의 발전이며 더 나아가 인류의 발전과 평화를 가져올 것이다. 결론으로 인류의 평화는 인간이 죄를 만들지 않을 때 오는 현상이다.

그렇다면 구치소나 교도소 같은 곳은 옛날이야기로 숨어갈 것이다.

형 나 여기 있어

집안에 가족이 있다면 외로움이 덜 할 것이다.

자매가 있고 형제가 있고 부모님이 계시면 그 집은 어떠한 것을 가진 사람보다 행복할 것이다.

다만 서로 원수처럼 지낸다면 살아가는 재미는 사라진다.

남북이 갈라져 이산가족이 많은 우리 대한민국은 아직도 수십 년이 흘러야 가족을 다시 며칠이라도 볼 수 있다.

가족이야 말로 우주가 아닌가? 그 우주를 잘 이끌어 간다면 세상은 편하고 정이 넘치는 곳으로 변할 것이다.

사랑이 따로 있는 것이 아니다.

가족간의 우애와 사랑이 온 세상을 지배할 수도 있다.

지금부터라도 자신의 가족에게 감사와 고마움을 느껴야한다.

그것이 사람이 살아가는 도리인 것이다.

나에게는 형이 하나 있다. 우스운 이야기일지라도 말을 하고 싶다.

그것은 백두산 산신이다. 백두산 산신을 형으로 둔 나는 형의 기운을 알고 있다. 언제나 나라 걱정이다. 나는 조금이라도 형처럼 살고 싶은 마음을 가지고 있다. 여러분도 용왕을 가족이나 친척으로 둔다면 빽을 든든하게 할 수 있다.

나는 영적으로 살기에 모든 신들이 가족이나 마찬가지이다. 신들 중에는 참신 그리고 잡신이 있는데 어느 신이든 도와주고 있다.

잡신이라고 나쁜 것은 아니다. 내 식구가 된다면 도움을 받을 수 있는 것이다.

그래서 나는 가끔 신들과 농담도 하고 맛있는 것을 먹으러 나가기도 하고 대화를 한다.

우리 형제는 어느 것 하나 해결 못하는 것은 없다. 하지만 정의에만 신경을 쓰기에 나쁜 일이 있다면 도움을 주지 않는다.

이것이 우리 가족의 철칙이다.

지금은 나는 아무것도 모르지만 신들의 도움으로 책을 만들고 있다.

우리 형제가 없었다면 이런 일은 없었을 것이다.

내 삶은 우리 가족에게 달려있다.

내가 어떻게 하느냐에 따라서 능력을 받게 하고 능력을 빼앗아가기도 한다.

영의 수준을 높이려거든 천신들과 친구가 되고 형제가 되어라.

그러면 깨달으려 하지 않아도 깨달음은 저절로 이루어진다.

하늘 높을 줄 모르고

내 마음이 하늘인 것을 모르고 살았던 나는 독자 제위께 이러한 말을 해주고 싶다. 우선 하늘을 알려고 한다면, '자신의 내면이 하늘이다'라는 것을 알아야하며 하늘은 언제나 자신의 편이며 자신과 같이 있으며 '같이 있고 싶다'라는 것을 알아야 한다. 나 역시 하늘은 높은 곳에 있는 줄 알았다.

물론 인간적으로 볼 때는 하늘은 분명히 우리가 알 수 없는 세계다. 영적으로는 인간과 가장 가까운 곳에 도사리고 있다.

'자신의 마음이 가장 높다'라는 것을 알았을 때 인간은 성장하는 것이다.

하늘은 값으로 측정할 수 없으며, 하늘은 알 수 없는 것이며, 하늘은 인간의 마음을 헤아리며 하늘은 인간들이 원망하는 소리를 다 들어주는 곳이며, 하늘은 인간세계를 지배하는 곳이기도 하며 하늘은 우리가 쉽게 알 수 있는 곳이기도 하며, 하늘은 인간이 죽어서 가장 가고 싶은 곳이다.

그곳은 인간들의 마음의 고향이기도 하다.

우리가 고향하면 항상 그리워하는 곳이 아닌가? 그래서 인간은 하루에도 몇 번이나 하늘을 접하게 된다. 태양만 떠오른다고 하늘이 아니다.

나를 구제하고 나를 가르치며 내 인생을 책임지는 곳이기도 하다.

이런 것을 안다면 인간은 하늘을 안 것이다. 그러나 다 알았다고 착각은 하지 않아야 하거늘 어느 사람은 다 알았다고 한다. 이때부터 잘못은 시작된 것이다.

책을 읽고 하늘을 알 수 없는 것이며 '자신의 체험을 통해 누구나 다르게 하늘은 보여주기에 체험을 통해서만 알 수 있는 것이 하늘이다'라는 것을 알아야 하며, 하늘을 알고 나면 숙연해지며, 배짱이 생기고 생기가 살아나고 하늘의 소리를 알게 하며, 전하게 하며, 어떤 일이든 하늘과 대화를 통하며 무궁무진한 것을 알게 한다.

하늘은 높은 것만이 아니다. 자신을 숙인다면 하늘은 관대하게 맞아들이며 불쌍하게 생각해서 모든 것을 주려고 한다. 이것이 하늘의 속마음이다.

인간은 하늘 높은 줄 모르고 아는 체 하는데서 하늘에서는 입을 다문다. 알아도 모른체하고 산다면 하늘은 자신들에게 많은 도움을 준다.

오늘도 하늘을 알려고 하는 사람들이 찾아온다. 백 명 중에 한 사람만이 선택을 받는다. 그 이유는 하늘을 알고자 하는 마음이 결려돼 있어서 그렇다.

하늘은 생각도 없는데, 자신의 욕심으로 하늘을 알려 하는데서 오는 답이다.

이제 하늘을 대강 알았을 것이다. 하늘의 문은 항상 열려 있다. 선택을 받았어도 모르고 살기에 답답한 것이다.

부디 하늘의 바른 소리를 알려주는 사람이 되기를 정도령이 기원한다.

하늘은 정도령이다. 정도를 가는 영이라는 뜻이다. 누구나 그렇게 되고자 해야 한다. 그래야 인간의 멸망은 없어진다.

이제 여러분들은 하늘이라는 곳에 자리를 만들고 살아야 한다.

그래야 거기에서 인정을 할 것이다.

하늘은 높은 것만이 아니라는 것을 알고 살자.

옹알이

어린아이가 태어나면 누구나 하는 하늘의 언어가 '옹알이'이다.

'옹알이'라는 뜻은 거꾸로 보는 세상을 말한다.

그 이유는 지금 방금 태어난 아이는 하늘세계의 혼을 가지고 있다. 그래서 하늘에서 내리는 옹알이를 하고 있는 것이다.

인간으로 태어나 입문하는 말이 '옹알이'이다.

다시 말하면 "인간입니다"하고 안내 방송을 하고 있는 것과 같은 소리이다. 그래야 인간세계에서 살아갈 수 있다.

아이가 자라서 언어를 배우는데,

'ㄱ'을 '감사하라'라고 가르친다.

'ㄴ'은 '그러면 편하게 해준다'라는 뜻으로 알게 하며,

'ㄷ'은 '하늘의 문이 열렸다'를 말하는 것이다.

'ㄹ'은 '하늘과 땅의 기운이 하나가 됐다'라는 뜻으로 알려준다.

'ㅁ'은 '하늘의 기운이 가득찼다'라는 뜻이다.

그래서 아이가 이때 태어나는 것이다.

'ㅂ'은 '인간이 살아가는 거처'를 말하는 것이다.

'ㅅ'은 '이제 인간으로 살아갈 수 있다'라는 뜻이며,

'ㅇ'은 '하늘을 알고 살아가라'는 뜻이며,

'ㅈ'은 '인간이 하늘을 머리에 이고 살아라'라는 뜻이며,

'ㅊ'은 '인간이 하늘을 머리에 이고 우주의 기운을 받아라'라는 뜻으로 이제 옹알이를 통해 이런 기운으로 변하게 됨을 고하는 것이다.

이게 훈민정음에 대한 하늘이 내려준 운용법이다.

이것을 인간은 모르기에 하늘의 법을 아는 것이 없는 것이다.

이제 어린아이는 자음과 모음의 기운을 받아 성장이 되는 것이며, 우리나라 훈민정음은 하늘의 기운으로 만들어진 글이라는 것을 알아야 하며, 우리 글의 소중함을 알아야한다.

그러나 우리 글의 소중함을 모르기에 한국의 발전이 어려워지는 것이다.

이렇게 하늘의 뜻을 알아서 살아간다면 어려운 것은 없을 것이나 한글의 소중함을 어린아이에게 인식을 시켜야하는데 인성교육은 한글로부터 출발을 해야 한다.

그러나 지금 우리네 현실은 제2 외국어를 선호하는데 그것은 항상 끌려가는 형국이니 지금부터라도 우리나라의 교육전반에 흐름을 바꿔야한다. 우리 것이 좋다는 말만 한다면 항상 후진국으로 살아갈 것이다.

옹알이가 주는 교훈을 하늘에서 내린 천어이다.

다시 되새겨 천어의 의미를 알고 살아가자.

옹알이, 옹알이…… 하늘의 소리 아…….

산 넘어 가보면

내가 영적공부를 하고나서 달라진 것이 있다면 그것은 인간은 하늘의 법을 알고 살아야 한다는 생각을 하게 되었다. 그래서 '어떻게 하든 하늘의 말을 알아듣는 것이 최고로구나'하고 생각을 많이 하게 된 것이다.

대신 영적으로 하늘의 소리를 내려 받다 보니 마음이 맑아지는 것을 알았고 어떻게 살아가야 하는지도 알았다.

그전에는 내 마음대로 살았는데 지금은 아니다.

그동안 얼마나 잘못 살았나를 알았으며, 아직도 나의 과거처럼 살아가는 것을 볼 때 내 자신을 돌아보게 한다.

영성공부는 알다시피 책이 없으며, 선생이 없으며, 하늘이 스승일 뿐이다.

하다보면 할수록 어려운 관문이 많이 있기에 그러한 고력을 이기기에는 힘이 든다. 하지만 인간으로서 참을 수 있는 만큼 알려주고 고생하게 해주는 공부기에 언젠가는 하늘의 반듯한 제자로 성장할 것이다.

산을 넘기엔 많은 힘이 든다. 하지만 영적으로 하는 공부이기에 산을 넘는 것보다 수천 배의 힘이 드는 것은 사실이나 어느 정도 수준을 넘어가면 몰라도 알려주는 하늘이 고맙게 저절로 느껴지기에 하늘의 고마움을 가슴속 깊이 느낀다.

'아, 이것이 하늘이구나. 하늘에서 바라는 것이 이것이구나'하고 알게 한다.

인간이 산을 넘듯 자꾸만 정상을 향해 체험하려 하는 것처럼 내가 하는 공부는 정말 산 넘어 산 넘어다. 언제 산을 넘어가는지도 모르게 넘어가며 또 산을 넘어가야 하는 시간이 항상 필요하다.

산을 넘어야만 다른 과정이 있고 또 다른 과정이 생기며, 하나라도 빠지면 다른 산을 올라가보지도 못한 것이 우리가 해야 하는 공부이다.

수많은 수행의 잘못으로 인해 올라갔다 내려오고 다시 시작을 해야 하는 영성공부이다. 한시라도 정신을 차리지 못한다면 공부를 안 시키는 곳이 하늘공부이다.

사실 이제 이렇게 마음 놓고 컴퓨터에 앉아 하늘의 소리를 내려받아 적어가는 것조차 상상도 못한 일이었다.

이제 하늘에 물어보니 난 세상에 없는 산까지 갔다 올 정도의 공부를 한 것이라고 답을 내린다.

단 지금 제자들은 쉽다. 내가 시행착오한 것을 빼놓고 영성공부를 하게 한다. 30년 공부할 것을 며칠 아니면 몇 달 걸려 하는 공부이기에 이것도 힘들다고 한다면 산을 넘어가기가 쉽지 않을 것이다.

이제 그 산은 내 마음으로 넘어가야한다.

육체적인 것이 아닌 정신적으로 넘어가야 하는 것이다.

사실 내가 걸어 온 길을 다시 한번 하라고 한다면 자살을 할 정도로 마음이 결정될 것이다.

그러나 난 산을 다 넘고 내 자신이 넘어갈 산을 자신이 스스로 만들기에 자살할 정도의 기분은 타당치 않다.

이제 여러분들도 어떤 산을 넘어가든지 천천히 꼼꼼하게 한발 한발 다가서야 한다. 산을 넘어가면 내가 산을 만들 수 있는 기운이 들어오며 내 자신이 산을 만들 수 있는 기운을 만들었구나 하고 자신의 기운을 북돋으며 살아갈 것이다.

우리같이 산을 넘자. 하늘의 힘으로…….

형제는 외로워

하늘의 제자들은 누구보다 외롭고 불쌍한 사람들이다.

하늘에서 제자를 만들기 위해 수많은 시험을 한다.

다만 시험을 한다는 것조차 모르기에 힘이 든다.

벌써 몇 번의 시험을 거쳤는데도 그것을 모르고 있을 때 얼마나 괴롭겠는가? 그러한 과정을 거쳐야 하늘이 자신을 원했는지를 알게 한다.

이것이 하늘의 기획이다.

그래서 무지한 인간은 자신이 왜 이렇게 사는지 알려고 이것저것 배우러 다니지만 양이 차지 않고 허전하고 허무한 생각이 든다.

하늘은 그런 것을 원하고 있다.

인간으로서 이런 것을 어떻게 알겠는가?

결국 답을 못 찾고 헤매게 되는 것을 볼뿐이다.

무당집에 가면 신을 모셔야한다 굿을 해야 한다고 하는데 할 수 없이 답이 있겠지 하고 하지만 완전히 도루묵이다.

다시 말해 오히려 자신의 길을 망치게 한다. 그래서 물질로 정신적으로 쇠퇴해져 어느 것도 긍정이 안 되는 결과를 초래하게 되는데, 그것도 나중에는 도움이 된다는 사실을 알게 하는 것이 하늘이다.

무당이든 스님이든 목사는 다 같은 형제이다. 아니 모든 국민이 하늘에서 볼 때는 형제이다. 서로 외로우니 서로 위로해 주면서 살아야 하는데 오히려 서로 이간질을 하게 된다.

그것은 아직 영성공부가 덜 익어서 이루어지는 결과이다.

같은 형제라는 것을 알았을 때 종교도 성장을 하고 확장이 되며 하늘도 기뻐한다.

하늘이 기뻐하는 일을 해야 한다. 그래야 어떤 것이라도 편하게 해줄 것이 아닌가? 난 그렇게 살고 싶은 마음뿐이다.

그렇게 해야 내짐을 벗어 놓는 것이 아닌가?

영적성장이야 말로 서로를 하나로 만드는데 가장 좋은 방법이다.

그래야 외로움이 없을 것이며 종교로 인한 전쟁은 사라질 것이다.

우리 모두 뭉치자. 종교를 초월해서 단군을 내세워 통일도 하고

우리의 역사를 살려 나가자. 우리의 살 길이 있을 것이다.

나는 외로움을 지금도 경험한다.

누구한테도 외로움이 없는 사회를 만들어가자.

동참하자. 민족이여, 우리 땅 마음속의 슬픔을 나눠 갖자.

슬픔과 외로움을 이겨가는 한 민족이 되자.

화이팅!

인사처장

요즘 직장이 없어 집에서 노는 사람이 허다하다.

조상신이나 산신이 있어 신기가 있는 사람들은 일하기가 싫고 게으르게 되고 아프고 할 경우가 많다.

우선 하는 일을 망치게 한다.

이러한 경험을 한 사람들이 이상하게도 많다.

그러나 신기가 있어 그렇다고 상상도 못하는 경우도 있는데 나중에서야 알게 된다. 때가 지나면 아무리 신의 길을 가려고 해도 안 되는 것이다.

알겠지만 잡신이 들어 헤매는 사람들에게 잡신이 있어 그렇다고 하면 오히려 알지도 못하면서 그런다고 한다.

물론 영의 세계를 모르기에 하는 소리이다.

일을 하게 하는 신명이 있다면 집에서 놀게 하지 않는다.

인사를 잘해서 좋은 곳으로 발령을 하게 하는 것이다.

신명의 인사는 어느 산신 아니면 어느 조상의 기운을 받는 것이 인사이동인 것이다. 그러한 것을 모르기에 신들에게 당하는 것이며, 어떠한 답을 내려주어도 행하지 못하기에 성공이라는 두 글자는 살아생전 맛보지 못한다.

그러므로 신의 세계란 무조건 망친다는 생각을 버려야한다. 신들은 인간에게 많은 것을 알려주고 같이 잘 하려고 하고 있다. 후진국일수록 신의 세계가 판을 치게 되는데, 선진국이 돼야 신들이 기죽어 판을 짜지 못한다. 그래서 신들을 대한다면 신들의 세계를 알고 해야 한다.

신들은 하루에도 인간처럼 인사이동 하는 것이 아니라, 인사이동을 수백차례 이루어진다. 그러기에 행복도 불행도 생기는 것이며 몸이 아프거나 건강을 유지하게 되는 것이다.

그만큼 신들의 인사이동을 무시하지 않고 살아야 한다. 천신들은 우리나라에 기운을 주려고 애를 쓴다. 하지만 인간이 모르기에 그러한 기회를 쉽게 만나지 못하고 있는 실정이다.

신들의 이동이 해일을 만들고 부자를 만들고 가난한 사람을 만든다. 인간은 신들의 도움 없이는 살기가 어려운 것이다.

하늘에서는 신들의 교육을 엄하게 한다.

인간이 하는 공부는 아무것도 아니다.

신들은 잠이 없으며 신들은 언제나 활동을 하며 신들은 탈락이 없다. 그만큼 노력을 한다는 말이다.

신들이 서로 좋은 곳에 가서 일을 하려고 온갖 정신을 다 판다.

그렇듯이 신들이 살아가는 모습을 보고 사는 것이 인간의 세계이다.

우선 신들의 세계로 인해 인간의 세계가 생긴 것이며 인간은 신들을 닮아가며 살아가고 있다.

공포

여름에 가장 시원한 것을 느끼기엔 귀신 영화가 최고라는 것을 누구나 알고 있는 상식이다.

이렇듯 인간은 귀신을 두려워한다. 하지만 귀신을 통해 자신의 발전을 기원하기도 한다.

언젠가 나도 특이한 공포를 느낀 적이 있는데, 그날이 12년 전의 일이었다.

그때는 지금처럼 아는 것이 없었던 때이기도 하다.

기도를 하는데 내 옆에 6척의 거구가 나를 포위하며 나에게 무서움을 주었다. 그때 생각하면 '하늘은 정말 대단하다'라는 것을 알게 한 날이기도 하다.

나는 어디서 그런 용기가 나왔는지 그 귀신을 보고 "저리가!" 하고 버럭 소리를 질렀는데, 어디서 그런 용기가 나왔는지 지금 생각해보니 하늘의 뜻이었다.

'인간의 힘은 하늘에서 주는구나'하고 느낀 것이다.

그렇다. 하늘의 힘이 있다면 무엇이든 할 수 있다.

그 후 지금껏 나는 하늘의 소릴 알고 살아간다.

'귀신도 나를 무서워하는구나'하고 감탄했다.

귀신에 당해보지 않은 사람은 없다.

지금도 귀신이 도와주고 망하게 하고 장난을 하고 있다. 그러므로 귀신을 자신의 부하로 만든다면 귀신은 잘 보이려고 한다.

나는 수많은 귀신을 부하로, 친구로 살아가고 있다.

평범한 사람들은 "뭐 그런 게 어딨어" 하고 반문을 할 것이다.

나처럼 살아가는 사람이 한국에도 많다. 그래서 공포를 느끼는 사람들에게 편안함을 주는 일을 한다.

이것이 내게 준 사명이다.

그러나 쉬운 일이 아니며 오해를 받을 때도 많은 것이 이 일이다.

나는 신을 모시며 잘못하는 사람들에게 교육을 주로 한다.

가르치는 것도 하늘에서 자문이 내려오기에 어려운 것은 아니나 상대방이 이해를 못하기에 답답한 점도 많다.

그래도 어떻하겠는가? 내가 하는 일이니 하고 스스로 위로하고 노력을 한다.

신들을 모시는 사람들은 신들이 노하지 않게 생활을 해야 한다.

그것이 모시는 사람들의 공포이다.

자신이 잘한다면 그러한 공포는 없을 것이며, 이 나라에 전쟁은 없을 것이다.

신들에게 빙의가 되면 자신의 공포는 사라지지만, 남들이 보면 영락없이 정신병이라고 할 것이다. 누차 말하지만 나도 정신병이란 소리를 원 없이 들어온 사람이다.

인간이 모르는 세계를 안다는 것은 정신이 나가지 않고는 알 수 없으며 할 수도 없는 일이다.

이제 세상의 공포가 사라지려면 잡스러운 생각과 그러한 마음이 없어야 하며 신들을 잘 대해줘야 한다.

날 좀 봐요

"하하, 이젠 살아가는 게 맛이 있다."

나는 누구에게도 이렇게 말할 수 있다.

"하늘공부를 하는 바람에, 나는 여러 가지 맛을 보았는데, 가장 좋은 맛은 아는 것이 없는 맛을 알게 해주는 것이다. 아마 이런 맛을 본 사람은 아무리 공부를 해도 알지 못하는 맛이다.

어떻게 이 맛을 전해줘야 할지 나는 하늘과 대화한다.

하늘의 공부를 하는 것이 하늘의 맛을 아는 것인데, 우선 미리 어떻게 공부를 해야 하는 마음부터 없어져야한다.

이제 맛을 알기위해 하는 천신들의 공부 내림을 알려주고자 한다.

무엇을 알려고 하지 마라. 그리고 알려고 해라. 아는 체 하지마라.

이런 맛이 스스로 나오게 되면, 그때부터 하늘의 맛을 알 수 있다.

그 눈치는 자신을 망치게 된다. 오히려 공부한답시고 결과는 아무것도 할 수 없는 폐인이 된다.

나는 그런 사람을 많이 만났지만, 그때마다 자신의 아집으로 인해 자신이 공부할 수 있는 기회조차 없게 만드는 사람들을 안타깝게 생각한다. 지금도 그런 생각을 갖고 책을 읽는다면 읽을 가치가 없을 것이다. 읽는 순간부터 마음을 바꾸고 한다면 하늘은 독자 제위를 감시할 것이다.

나이를 떠나고 학식을 떠날 때 하늘은 관심을 갖고 시험을 하게 된다. 이제, 어느 정도 이해한다면 이 순간이 얼마나 자신에게 중요하다는 것을 깨닫게 되는 것이며, 이제 하늘에서 내릴 준비를 하게 만드는 것과 같다.

혹세무민

자신에게 무엇이 문제인지부터 알아야한다. 단 무엇이 문제인지도 모르기에 혹세무민이라는 소리를 듣게 된다.

그렇다. 무엇을 안다면 누구에게 찾아가 자신을 물어볼 필요조차 느끼지 못할 것이다.

이 책을 보는 여러분들은 어디에 가서 자신을 물어 보거나 상대에게 알려주는 입장에 있을 것이다.

두 입장을 나는 알고 있다.

둘 다 어찌 보면 혹세무민이다. 여기에 반발을 가진다면 그것은 발전을 의미하며 제대로 승격이 돼야지 엉뚱한 방향으로 흘러간다.

그것이 바로 가는 줄 알고 착각을 하고 있을 경우도 있다.

지금도 세상에는 하늘을 알고자 하는 사람이 무지수이다.

그 사람들이 깨달아 나라를 구하고 세상을 구하는데 나는 힘을 써주고 사람들은 따라주고 하는 마음이다. 그래야 내가 세상에 태어난 기운을 쓰고 가는 것이다. 누구나 자신의 기운을 쓰지 않는다면 그것은 혹세무민으로 살아가는 것과 같다. 이제 우리나라에 모든 이들이 혹세무민 당하는 사람이 없기를 기원한다.

그래서 기도라는 것이 생겼고, 명상이 돌출되고 기의 운용을 할 줄 알아야 산다는 것을 터득하고자 하는 사람이 많이 생겨나는 것이며, 하늘은 그런 사람을 위해 한시도 쉬지 않고 관리에 들어간다.

인간은 자신도 모를 때 혹세무민 당하는 사람이 많아서 '누구한테 당했다'라는 소리를 하는 것이다. 서로의 기운을 얼마나 아는냐에 따라 인간세계에 정립을 할 수 있는 것이며, 서로 돕는 마음이 생기는 것이며, 자신의 마음을 다스리게 되는 것이다. 자신의 마음을 다스린다면 우선 원하는 소원이 이루어지며 욕심이 없어진다. 혹세무민은 남을 무시하거나 원망하는데서 나오는 행동이며 주어진 사명을 모르기에 일어나는 현상이다.

가진 자들의 과욕으로 혹세무민이 판을 치는 나라는 발전이 없고 세상을 어지럽게 하며, 진실을 왜곡되게 함은 물론 남의 발전을 싫어하며 자신만 알고 사는 인생살이로 만족을 하게 된다.

우리나라의 교육정책부터 안정이 될 때 나라의 성장을 도울 것이며, 서로 화를 내는 사람도 없게 되며, 자신의 분수를 알게 되며 정신적으로 고통이 사라지게 된다.

혹세무민 당하고 우울하게 되면 심하면 우울증에 걸린다.

술래잡기

꽝, 하늘에서 나에게 무엇을 잘 했는지 이러한 능력을 주신 것에 감사한다. 누구에게나 주는 것은 아니라고 한다.

내가 무엇을 안다거나 잘한다거나 해서 준 것은 역시 아니다. 다만 하늘에서 선정을 하기에 거기에 어느 정도 합당하기에 선택이 된 것이다.

운이 좋다고 할까? 하늘에서 나에게 용기와 기운을 주고 쓰라 하는데 나는 항상 기쁘다.

하늘에서는 어느 사람을 선택하기 위해 많은 노력을 한다.

거꾸로 술래가 돼서 어느 인간을 깨닫게 하기위해 찾아다닌다.

마침 내가 그 자리에 있어서 그랬던 거다.

우선 하늘에서는 천신들이 한 인간을 찾기 위해 오늘 이 시간도 어디든지 다니고 있다는 사실이다.

우선 천신들이 잘 다니는 곳이 있다.

그곳은 강화 마니산이며 부산 해운대이다. 그리고 진안 마이산이며 강원도 대포항, 주문진이다. 우선 하늘의 기운을 받으려면 내가 말한 이런 곳도 많은 도움이 된다.

하늘에서 본 '기도자리'라고 본다.

그래서 나는 오늘도 주문진을 향해 기도를 갔다 왔다,

제자들이나 천도를 한 손님들과 같이 동행을 해서 하늘의 지혜를 받아오기 위해 이틀간 하늘의 소리를 들려주었다.

다행이 제자는 하늘과 닿았고 손님은 하늘이 내려주신 말씀을 들었다.

이렇게 하늘과 인간은 서로를 위해 숨바꼭질을 한다.

누가 술래가 되든 상관은 없다.

서로 하나가 된다는 의미가 있다면 숨바꼭질은 언제 끝날지 모른다.

아니, 영영 끝나지 않는 수수께끼도 될 것이다.

나는 이제 술래로서 많은 사람을 찾고 있는 중이다.

여러분들이 숨어야한다. 찾는 것은 나에게 위임을 해주신다 하늘이…….

정거장

과연 하늘과 우주를 가기 위해선 정거장이 얼마나 될까?

인간은 우주의 원리나 소리를 들어보고 싶어 한다.

나는 가끔 우주의 원리를 통해 강의를 하고 있다.

들어본 사람은 알겠지만 내 스스로 아는 것은 없지만 하늘에서 내 입을 통해 내려주는 말을 하곤 한다.

나의 강의를 듣고 어떤 이는 대단하다. 어떤 이는 이해를 못해 답답함을 갖고 있는 여러 층의 사람으로 변한다.

자신이 갖고 있는 상식으로 이해하려고 하면 어려운 것이 하늘의 소리이다. 우주의 소리이며 자신을 열어 놓을 때 알 수 있는 소리며 이해하며 체험을 할 수 있다.

자신이 막아둔 체로 이해한다는 것은 어려운 일이다.

자신의 마음이 정거장이라도 해도 된다.

우주를 가기 위해선 자신의 마음이 가장 중요하다.

우주의 길은 여러 가지 길이 있으나 하늘과 연결이 되면 쉬운 길도 있다. 아니면 힘만 들고 가지도 못하고 고생만 한다.

이제 우주의 정거장을 알려주고자 한다.

지금 이 시간 비가 많이 오고 있는데 사람들이 걱정을 하고 있다. 경기·서울 쪽에 폭우 비상이다. 일산 쪽에는 전철이 가지 못하고 있다.

우주를 가기 위해선 마음의 비를 스스로 내리지 않아야 한다.

그것이 가장 중요하다. 마음의 비란 "스스로 하늘을 버리는 생각이 없어야 한다"라는 뜻이다. 하늘을 버리고 하늘을 찾으려 한다면 찾을 수 없다.

다시 말해 자신의 내면을 버린다면 안 된다는 말이다.

대부분 자신을 찾고자 하는 사람들이 자신의 내면을 버리고 깨달으려고 하는데서 정거장을 찾지 못하고 있다.

우주의 정거장은 자신 마음이다. 마음을 어떻게 먹느냐에 따라서 정거장이 나타나는데 그 정거장은 수 없이 나타난다.

정거장은 수없이 많은 영적공부의 단계를 말하는 것이다.

그 수없는 정거장을 지나야 우주에 다다른다.

물론 영적으로 간다는 말이다.

나는 이 정거장을 가기위해 차표를 많이 샀다. 내 마음속에 산 것이다. 우주의 정거장은 마음의 차표만 받는 곳이다.

여러분들도 우주를 가기 위해선 마음의 차표를 많이 구해야한다.

그 차표는 깨달음 정거장에서만 판매한다.

한국에는 한 곳만 있을 뿐이다.

마음의 차표를 구하지 않고선 갈 수 없는 곳이 우주의 정거장이다.

용왕님

하늘은 해와 별과 달, 그리고 땅에는 바다와 땅이 있다.

바다를 다스리는 것은 누구나 알고 있듯이 용왕이다.

용왕은 부하를 시켜 파도를 치게 한다.

그 파도는 힘이 좋아 수만 톤의 물도 뒤바꾸어 놓는다.

그렇듯 자연의 힘은 대단하다.

어제도 강원도 대포항에서 기도를 하는데 큰 파도가 같이 간 사람들의 마음을 바꾸기 시작했다.

참으로 그 위력은 가히 말로 표현 못한다.

나는 바다에 용왕님을 보고 마음을 가장 안정시키는 분이라고 한다.

가슴 아픈 일을 걷어가는 것 같아 좋다. 그래서 여름엔 해수욕장을 찾는 것이다. 스트레스에는 바다가 그만이다.

그래서 자주 간다. 물론 기도를 목적으로 가지만 바다 용왕의 도움이 필요하면 가기도한다.

제자를 키우기 위해서도 간다.

하늘에선 용왕을 3년에 한번 선거를 통해 용왕으로 임명한다.

사람의 몸에도 용왕이 들어있다. 보이지 않는다고 없다고 하는 사람도 있다.

누구나 다 있지만 가끔 외출 할 때도 있다. 그것은 하늘의 명령을 듣기위해 나가는 것이다.

특히 무속이나 철학을 하는 사람이 용왕이 없다면 자신의 기운을 바로 쓰지 못하는 것이며, 용왕을 항상 몸에 있는지 정검이 필요하다.

그 외 다른 신들도 있는지 정검을 해야 한다.

용왕과 산신은 계급이 같다.

다만 바다를 좋아하거나 산을 좋아한다면 하는 일이 틀리기에 산은 사업으로 가야하며, 바다는 건강을 위해 간다면 좋은 기운을 받을 것이다.

백두산과 후지산의 후예

일본은 우리 대한민국의 손자이다.

무례한 말이라고 일본 사람은 할 수도 있다.

하지만 난 영적으로 하늘에서 받은 말을 할뿐이다.

답을 정확하게 하려면 하늘에 응답을 들어야한다.

내가 만들어서 한 말은 아니다.

알 것이다. 후지산의 산신도 그렇게 말을 한다.

후지산의 산신은 알다시피 여신이다.

나이는 많이 들었다. 인간 나이로는 1,300살이다.

나는 '독도 찾기 운동본부'를 같이 한 적이 있다.

좋은 일이라고 생각해서 한 것은 틀림없으나 '독도는 한국땅'이라고 말씀을 해주셔서 그 일을 시작한 것이다.

7년간 독도에 몸을 담고 이제는 온 국민이 "독도가 위험하다"라는 것을 느끼게도 했다.

언젠가 후지산에 산신에게 인사를 한 적이 있다.

왜 산신이 나에게 도움을 주는 것인지 알 것 같다.

산신은 거짓이 없다.

지금도 후지산 산신과 난 가끔 대화를 한다. 일본 사람이 생각을 잘못하고 있다고 한다. 일본에 영적 수준이 얕은 것도 아닌데 일본 사람들은 후지산의 산신과 대화를 안 하나 보다.

대화를 해보면 독도는 한국 땅이라고 할 것인데 그 대답을 듣는다면 독도에 욕심을 버리고 살 텐데 하고 생각해 본다.

이렇듯 산신은 그 나라의 기운을 알고 살며 그 나라의 흥망성쇠를 논하고 있다.

우리나라는 서로의 영을 중요시하며 살아야 한다.

그래야 나라가 발전한다. 영의 세계가 인간세계로 되는 것이다.

우주에서는 인간들이 살아가기에 편하게 만들어 주시려고 항상 관심 있어 하듯이 인간은 우주의 내면을 보아야하며 인간은 자신의 내면을 살려야한다.

영을 살리는 것은 산에서 관장을 하기에 어느 나라든지 기운을 받는다면 그 사람은 무엇이든 일을 잘하게 된다.

백두산은 천명을 받아 인간들에게 많은 사명을 주는 곳으로 인간이 살아가는데 있어 없어서는 안 될 곳이다. 우주의 기운이 들어있으며 세계를 다스리는 큰 힘을 주는 곳이기도 하다.

그래서 사람들이 기운을 받기위해 찾아가는 곳이기도 하다. 특히 부동산을 하거나 건설업에 종사하는 사람이 백두산의 기운을 받는다면 더없이 좋을 것이다.

백두산의 기운으로 우리나라가 발전을 해간다면 틀림없이 강대국이 될 것이며 그 기운은 '우리 민족을 위해 있구나' 하고 생각을 할 것이다.

그래서 우리나라는 천손민족이라고 하는 것이다. 일이 안 될 때나 걱정이 생긴다면 백두산 사진이나 그림을 집에 걸어놓는 것이 좋다. 특히 단군할아버지를 사진으로나마 집에 모시게 되면 우환이 없을 것이다.

이제 여러분들은 백두산과 후지산의 후예가 누구인지 알았을 것이며 어떻게 살아가야 한다는 것도 눈치 챘을 것이다.

일본과 한국이 같은 민족이라는 것을 알고 산다면 서로 이해하는 사이로 변할 것이며 백두산 산신과 후지산 산신은 서로 웃을 것이다.

우리 자손이 잘되는 길도 일본과 한국이 하나가 되는 것이다.

표준어

우리는 서울 사람이 쓰는 말을 표준어라 한다.

과연 어떤 것이 표준어인지 모를 때가 있다.

사투리도 표준어가 될 수 있다. 아니, 그렇게 살아야 한다.

요즘 사람들이 즐겨보는 코미디 프로에 표준어가 아닌 사투리가 사람의 마음을 정감 있고 즐겁게 하는데 말과 글은 정감이 있어야 한다. 사실 표준어라고 칭한 말들은 인간세계를 딱딱하게 만들고 있다. 오히려 사투리를 배워 어설프게 말을 한다면 표준어보다 듣기 좋다.

아마 여러분들도 이해가 갈 것이다. 말과 글은 서로 통하면 된다.

우리나라의 말과 글을 세계의 통용어로 만들어야 한다.

하늘이 말과 글이 있듯이 인간 사회의 말과 글은 같을 수도 있다.

인간들이 쓰는 말은 동물에서 영감을 얻어 만들었다 한다.

그렇다. 물고기의 뼈를 보고 인간이 쓰는 언어를 만들었다. 그래서 우리는 물고기를 보고 특히 지느러미를 보고 감사해야 한다.

하늘의 말과 글은 오묘해서 인간이 알려 해도 알 수 없는 문자나 글로 표현이 되는데 특히 교회에서 하는 방언은 하늘의 소리인데 그 말은 사투리로 보면 된다. 그래서 표준어로 해석하기가 어려워 해석을 못하는 경우가 있다.

하늘의 말은 기본이 12만 자라고 했는데 이 단어를 안다면 그것은 하늘의 소리를 어느 정도 알았다고 할 수 있다.

다만 우주의 소리를 알려면 36만 자를 소화해야 하는데 그렇게 36만 자를 알기엔 인간으로서는 아무리 노력을 해도 할 수 없게 한다. 다만 하늘이 도와준다면 쉬운 일이며 저절로 할 수 있다.

그러므로 인간이 하늘의 언어를 통달한다면 어떠한 것이든지 해결하며 인간으로서는 최고의 경지인 깨달음의 경지가 될 수 있으며, 결국 깨달음은 표준어나, 사투리를 다 소화해야 하는 것이다.

그래서 인간이 생각하는 표준어는 깨닫지 못하는 사람들의 소리이며 표준어나 사투리를 공용어로 생각한다면 무시하는 사람이 생기지 않을 것이며 사회는 어느 정도 혼란 속에서 자리를 잡아가게 된다.

황성옛터

남자 나이 22살 정도 되면 아마 군인이 되어 있을 것이다.

하늘에서는 그때 나이를 인간이 가장 활성화되는 나이라고 본다.

그때 나이는 과거를 만드는데 가장 적절한 나이라고도 한다.

인간은 과거를 만들어가고 있는데, 그것이 지금 현실이라는 것을 망각하고 살아간다.

내 나이 22살에는 과거가 없다. 나의 과거는 하늘에서 송두리째 빼앗아갔다. 그 이유는 나는 과거가 생각이 안 나기 때문이다.

이 나이에는 한참 공부를 할 나이인데 나는 멍하니 하늘만 보고 살았던 기억밖에는 떠오르지 않는다. 그래서 무심한 하늘의 내 스스로 원망도 많이 해보았다.

그러나 지금은 그렇지 않다. 하늘에 계신 어머니나 아버지가 "너의 과거는 많은 이에게 귀감이 될 것이다"라고 말을 해주신다.

난 나이가 어릴 때도 가끔 황성옛터라는 노래를 즐겨 불렀다.

'황성옛터에 밤이 되니 월색만고요해~'하고 이렇게 말이다.

이제 생각하면 나는 나이가 어려도 내 내면은 나보다 수백 배의 나이를 먹고 있었던 것이다. 그래서 내 나이에 맞지 않게 살아왔다.

아마 여러분들도 그런 분들을 주위에서 경험을 했을 것이다.

지금도 자신의 생각이 아닌 내면의 생각으로 살아가는 사람들이 한둘이 아니다. 인간으로 살아가는데 힘이 들게 살아가게 되는데 우울증이나 자폐로 변하게 되며, 자신의 삶을 찾기란 어렵게 되며 누구하나 자신의 편이 없다.

그래서 외톨이가 되거나 엉뚱한 짓을 하게 되는데, 사람들은 이것을 보고 "정신이 나갔네" 하고 호통을 치는 경우도 있고, 상대하기를 꺼려해서 자신은 대인공포증으로 돌아가며 희한한 경험을 하게 되는데 그것을 다른 사람에게 전달하면 이상한 사람이라고 말을 종종 듣는다.

나 역시 그런 삶을 살아온 사람이다.

지식을 가진 의사에게 말을 한다면, 이해를 못할뿐더러 약물치료를 해야 한다고 한다. 터무니없는 말이지만 영적세계를 모르는 사람들이 흔히 쓰는 말이기에 누구나 의사에 말에 복종을 하게 된다.

나는 지금 누구보다 이러한 사람들을 많이 보고 있다. 치유도 한다. 한마디로 마음선원이 집합장소라고 해도 과언이 아니다.

그것이 황성옛터가 아니련가.

지금도 혼자 속 끓고 사는 사람들이 많다.

임금님

우리가 임금님 하면 참으로 어렵게 볼 수 있는 분으로 생각한다.

그렇게 위엄이 있고, 높은 분이라 생각하게 된다.

그것은 그분의 위치보다 내면적인 것이 강하기에 우리가 그렇게 보는 것뿐이다.

그렇다. 내면의 힘을 기르면 될 수 있다.

내면의 힘이 강해지면 우리가 살고 있는 한국도 강하게 된다.

그래서 내면의 힘을 길러야한다.

우선, 내면의 힘은 자신과 성장한다는 것을 알아야한다.

궁궐에서 어릴 적부터 왕자는 내면을 강하게 하면서 성장을 한다.

육체적이든 정신적이든 강하게 한다.

지금 우리사회에 교육은 그렇지 않다.

내면보다 외면을 중요시 하고 있는 실정이다.

외면만 살리고 있는 사회는 언젠가는 후회와 절망을 할뿐이다.

그러므로 내면과 외면의 세계로 방향을 바꿔야한다.

지금 우리나라가 평화, 전쟁이 없는 세계를 원하고 통일을 원하는데 내면이 원해야 하며, 내면을 강하게 하는데서 이루어진다는 것을 진정으로 느껴야한다.

어린아이들을 키울 때 외면만 임금님으로 키운다면 그 임금님은 나라를 망치게 하는 임금님이 될 것이다.

누구나 높은 자리를 원하고 좋은 직장을 원하는데, 결혼도 마찬가지다. 그렇다면 그러한 기운을 가지고 있을 때 이루어지는 것이다.

어릴 때부터 내면을 강하게 만들지 않는다면 어려운 일이다.

올바른 교육은 올바른 교육자가 있어야한다.

내가 볼 때는 진정한 교육자가 없는 것이 문제가 된다.

지금도 텔레비전에서 교육부장관을 임명한다고 청문회를 열고 있다.

교육은 하늘교육을 원칙으로 한다면 누구나 영재가 될 수 있다.

하지만 영재교육을 가르칠 위인이 없다는 것이 문제이다.

한 나라의 대통령은 하늘이 만든다고 한다.

내가 생각할 때도 당연한 일이라고 믿고 있다.

어린아이는 하늘의 마음이라고 하지 않았던가?

어리아이처럼 순수한 마음이 있을 때 그 목소리는 하늘의 소리인 것이다.

그것이 영재교육이라고 볼 수 있다.

우리나라의 교육이 제대로 될 때, 세계 어느 나라에 가서도 높은 신분으로 살아갈 수 있다.

미국에서도 대통령이 한국 사람이 될 수도 있다는 말이다.

이렇게 우리나라의 교육만 활성화 된다면 선진국으로 변하는 데는 시간이 문제일 뿐이다.

누구나 임금님이 될 것이다.

그것을 싫어할 사람은 없을 것이다.

제5장

포기각서

부귀영화

인간이 중요한 것을 알려면 어떠한 상식이 있더라도 부귀영화보다 더 좋은 글은 없다고 할 것이다.

그럼 부귀영화는 어떻게 해서 오는 것인가?

부귀영화는 하늘에서부터 오는 것이며 자기 스스로 하기 위해선 인간적으로 열심히 해야 하겠지만 하늘이 허락을 하지 않는다면 올 수 없는 것이며 방법은 따로 있는 것은 아니다.

다시 말해 인간이 걸림돌이 없이 산다는 것은 하늘이 있다는 것을 깨닫고 살 때 어떤 좋은 일이 일어나는 것이며, 그때 '이것이 부귀영화구나' 하고 느낄 때가 있을 것이다. 단 기운이 다르기에 부귀영화를 느끼는 것도 사람마다 차이가 있다.

여러분은 어떤 삶을 부귀영화라고 하며 사는가?

곰곰이 생각해 보라. 아는가? 서로 다른 이야기가 나올 것이다.

이것을 볼 때 인간의 생각과 기운은 서로 다르구나 하고 느낄 것이다. 같은 식구라도 다른데 또 다른 사람은 얼마나 틀리겠는가?

지금 현재가 자신이 갖고 있는 기운이며 지금이 중요하며 부귀영화라고 느낄 때 마음부터 가벼워지고 안정이 될 것이다.

다만 지금 어려운 사람들은 "아니다" 하고 반론을 할 수도 있지만 반론을 할 수 있는 기운을 가진 것도 나쁜 것은 아니다. 누구나 좋은 생을 살길 원한다. 그렇다면 항상 하늘에 감사해라. 좋든 싫든 하늘은 항상 자신과 같이 있다는 것을 알아라. 그래야 도움을 주고 싶어 한다. 하늘이 하늘을 안다면 부귀영화는 생각도 하지 않을 것이다.

따로 생각하지 말고 더불어서 같이 사는 사회가 부귀영화이다.

술과 사랑

난 술을 별로 좋아하는 편은 아니다. 하지만 술은 인생에 활력소를 줄 때가 많다.

술은 사람이 살아가는데 참으로 중요한 것이지만, 술로 인해 몸이 망가지거나 폐가 망신한 사람이 한둘이 아니다.

나도 그런 사람 중에 한 사람이다. 어릴 때 아버지가 술을 드시면 당신도 모르게 여럿을 괴롭혔다.

이런 말은 하기 힘든 말이나 도움이 될 것 같아 한 줄 쓰고 싶다.

어디든 술주정을 받아 집안이 엉망이 된 가정이 많을 것이다.

그것은 내면이 잘못 되었기에 일어나는 현상이다. 술을 안 먹는다고 약속을 해놓고 자기도 모르게 술을 먹는 사람이 한둘이 아닌데 그것은 자신이 고치려 해도 억지로는 고칠 수 없다.

대부분 고치기는 하나 고치지 못하는 사람은 내면에서 자신이 길을 잘못간다고 채찍질을 하는 것인데 옆에 있는 사람은 그런 사실을 모르고 짜증을 내는 경우가 한둘이 아닌 것을 보았다.

나 역시 그렇게 생각을 해왔다.

그러나 그것이 '아니다'라는 것을 알았다.

내면이 잘못돼 있어서 그런 것을 이제 이해한다.

술주정을 하는 사람들은 자신이 하는 것이 아니라 내면에서 하는 것이니 술주정하는 사람을 이해해야 한다.

다시 말해 잡신이 그런 것이다.

잡신이 있어 그런 것이니 잡신을 내보내야 한다.

그래야 술주정을 끊게 된다.

이것을 알기 위해 난 30년이라는 세월을 통해 알게 된 것이다.

지금도 정신병동에 보내려고 마음을 먹었다면 다시 한번 생각해야 한다.

내면이 하는 짓인지를 알아야한다.

술주정은 약이 없다. 술은 사랑을 망치기도하고 술은 인간들에게 나쁜 기운을 주기도 한다.

술주정을 하는 사람들을 보면 잡신이 들어있다고 보면 된다.

마약과 같은 존재라고도 말을 하는 사람도 있다.

술이라는 것은 스트레스와 미래를 위하여 먹는 것이지만 그것을 모르고 먹는다면 먹을 필요가 없다, 괴로울 때 먹는다면 그것은 몸에 있는 신명이 잘못하게 만든다.

이것을 명심하라. 술을 자신의 변화를 위해 마시는 것이니 변화가 없을 땐 마시지 않는 것이 좋다.

술주정하는 사람이 있다면 이렇게 하라. 효과를 볼 수 있다.

하늘에서 내리는 말이 있으니….

'뚜요부천유상'이라고 계속 외워라.

충족

신들은 이렇다고 볼 수 있는 존재이다.

자신들에게 조금이라도 잘못을 하거나 말을 듣지 않으면 4가지를 망치게 한다.

우선 자신과 남편이나 부인, 그리고 자식, 마지막으로는 돈으로 망치게 한다.

이런 이유를 모르고 그냥 사는 사람이 있는데 한번쯤은 신들을 정검해야 한다.

사업을 한다거나 집을 사거나 어떤 일을 하더라도 신명이 도움을 주지 않는다면 어려운 것이다.

사람만 먹고 사는 것이 아니다. 사업을 하기 위해서는 산신에게 대가를 치러야한다. 예를 들면 산에 가서 산신제를 드리거나 하늘제자들은 천제를 가끔 드려야한다. 고기를 잡는 어부들이 하는 용왕제도 그런 의미가 들어있다.

이번에 홍수 난 것도 하늘에 나라에 대통령이 천제를 드렸다면 조금이라도 홍수가 줄었을 것이며, 옛날에는 하늘에 천제를 드리는 제사가 있었으나 과학이 발달되면서 무시하게 된 것이다.

그래야 신들이 사고를 줄이거나 사고를 당하게 하지 않는다.

신들에게 충족을 시키는 사람은 언제나 일이 잘된다.

아파트를 지을 때 지관에게 고사를 지내는 것도 인간의 충족을 위해서 하는 것이며, 신들과 합의가 되고 인간과 같이 해야 한다는 것을 알려 주기도 한다.

신들이 인간이 살아갈 때 가장 중요한 문제를 모르고 살기에 언제나 신들에게 인간은 고마움을 갖고 살아야한다.

특히 기운이 자신에게 있는지 알고 제를 지내야 하는데 그것을 모르기에 답답할 때가 많은 것이다. 인간이 답답하다는 것은 신들의 도움이 없다는 말과 같으며, 이럴 때는 신들에게 도움을 요청해야한다.

결국 신들의 충족이 인간 자신의 충족이라는 것을 알아야한다.

신들의 의미를 알고 나면 인생살이가 쉬워지며 어디든지 신들은 살고 있으며, 또한 영들이 움직이고 있다.

신의 세계를 알고 나면 영의 세계에 접하게 되는데 그때에 신들의 존귀함과 위엄을 알게 된다.

신들은 이 시간에도 인간에게 도움을 주려고 다닌다는 것도 알아야한다.

다만 인간이 그것은 모르거나 외면을 해서 일이 안돌아 가는 경우가 허다하다.

하루에 한번 정도 신들에게 자신의 처지나 환경을 아뢴다면 신들의 도움을 언젠가는 받을 것이다.

숨어있는 신

누구나 사람은 신이 들어있는데, 숨어있는 신이 있는 사람은 성공을 하지 못한다. 나 또한 숨어있는 신으로 인해 많은 고생을 했다.

지금도 세상에는 자신의 능력을 모르고 사는 사람이 많다.

신들이 숨어있다면 모를 수밖에 없지만 신들과 대화하는 사람을 만난다면 숨어있는 신이 있는지 없는지를 알 수 있어 일하는 것이 쉬워진다.

어떤 사람이 갑자기 일이 풀려 잘된다면 그것은 숨어있는 신이 나와 활동을 하고 있는 것이며, 아무리 인간이 노력을 한다고 해도 신들이 도와주지 않는다면 지금은 잘된다 하더라도 언젠가는 답답할 때가 올 것이다.

이 점을 생각해서 사람이 건강할 때 건강을 돌보듯 잘 된다고 신에게 모른 척 한다면 더 이상 발전이 없다. 숨어있는 신이란 것은 자신의 길을 가지 않고 좋은 것만 생각하는 사람에게 있으며 노력을 해도 일이 풀리지 않는 사람에겐 분명히 들어있다.

난 그런 있는 신들과 대화해서 숨어있는 신의 기운과 사람이 살아가면서 필요하다면 신들과 대화를 해서 합의를 시키거나 필요 없는 신들을 천도시키는 일을 한다. 아마 여러분들도 그러한 능력이 있는데도 숨어있기에 지금 그렇게 살고 있는 사람도 많다. 우리나라에 무당을 하는 사람이 많지만 숨어있는 신과 대화하기란 어렵다.

숨어있는 신으로 고생을 하고 있는 사람들을 보면 안타까운 마음이 든다. 만약 여러분 중에 그런 분이 있다면 이렇게 한다면 효험이 있을 것이다. 우선 종교를 생각하지 말고 종교를 초월해서 살아라.

도인술

기도를 잘못한다면 아무리 오랫동안 기도를 하거나 수련을 한다 해도 아무런 소용이 없다.

그래서 도인술을 부리지 못하고 자신의 최면에 걸려 교만해지고 인간의 상식만 알아 실수하기 일쑤이다.

도인술이란?

하늘에서 능력을 주었을 때만 가능한 것이므로 자신이 하기란 있을 수 없으며, 그 어떤 일도 해결하기란 어렵다.

자신의 이기주의와 교만 그리고 남을 기만하고 긍정하지 못하고 "자기 것만 최고다"라고 하게 되는데, 도인술은 신명들의 말을 알아들으며 그대로 행했을 때 일어나는 현상이다.

그러므로 도인술을 하려면 신명과 합의가 되어야하며 신들이 원할 때 이루어지는 것이다.

도인술을 하기 위해서는 사실 어려운 고비가 많으나 그것을 통과했을 때 이루어지는 것이다.

내가 하려고 한다고 되는 것이 아니며 나랑 상관없이 일어나는 현상이며 자신이 그런 능력이 있다고 자랑한다면 아무리 능력을 하늘에서 내려주었다고 해도 금방 빼앗아 가버린다.

내려준 도인법을 펼치기 위해서는 남의 책을 읽어서는 할 수 없으며, 이루어지지 않는다. 혹 그런 사람을 만나 고생을 한다면 일치감치 그곳을 떠나야한다.

이제 이런 말을 하고 싶다.

도인법이란 신들이 하는 법을 말하는 것이니 만큼 자신이 신의 경지가 되어있을 때 하는 행동이라고 보면 되는 것이다.

지금도 우리 사회에서는 인간적으로 도인법을 하는 사람들이 한 두 사람이 아니란 것을 명심해야 한다. 괜히 그런 사람을 추종한다면 언젠가는 후회할 것이다.

우주에서는 도인법을 인간이 살아가는 법이라고 알려주신다.

승차권

『도반 2편』에서도 언급한 적이 있는데 아마 『도반』 책 중에 가장 중요한 말이다.

하늘의 승차권을 받아야 하늘의 기운을 알고 우주의 기운을 알게 된다. 승차권을 받지 못해 지금 이 시간도 헤매는 사람들이 허다한 요즘 영의 시대니 영의 세계를 알고 싶어 하는 사람들이 많다.

심지어 공부를 많이 한 대학교수나 의사들이 관심을 갖고 있다. 확실히 영의 세계를 알아야 의심이 풀리고 어떠한 것을 풀어주기에 그런 것이다. 얄밉게도 하늘은 승차권을 공부 많이 한 사람에게는 주지 않는다. 아니 보여주지도 않는다.

하늘공부를 하기 위해선 알다시피 하늘로 가기 위한 승차권 구입 단계를 거쳐야 하는데, 우선 배우지 못하고 돈이 없는 마음이 하늘 같은 마음이 생성될 때 승차권을 주는데, 그것을 모르고 필자인 나에게 무조건 하늘공부를 하기 위해 찾아온다.

그럴 때면 우선 마음부터 바꿔서 오라고 한다.

우선 인류를 구하고 평화를 사랑하는 마음이 있을 때 하늘은 승차권을 무료로 발급해 준다.

이쯤 되면 하늘공부는 "밥 먹는 것보다 쉬운 공부다"라는 것을 알게 한다.

나는 모든 국민이 깨달음으로 살았으면 하는 사람 중에 한 사람이다.

하늘의 승차권을 쉽게 받는다면 깨달을 수 있는데 우리나라에 수많은 절에서 깨달은 사람이 없다는 것은 무엇을 의미하는가?

바른 소리 못하고 눈치나 보고 명상 그리고 기도 필요 없는 여러 가지 법, 때문에 깨닫지 못하는 것이다. 깨달음을 하기 위해선 하늘의 승차권을 받아야 하거늘 절에서 가르치는 수행법은 깨닫기가 어려운 법으로만 되어있다. 진정 깨닫고자 한다면 깨닫고자 하지 말아야 한다.

그것부터 알아야 깨닫게 되는 것이다.

나 역시 깨닫고자 하지 않았다. 여러분도 이 점을 널리 이해하길 바란다.

나에게는 승차권을 가끔 내려주신다. 자신의 길을 몰라 헤매는 분을 위해 쓰라고 주시는 것이다. 단 함부로 쓰지 않는다.

그 이유는 그런 자격이 있는 사람에게만 쓰지만 고마움을 모른다.

이것이 인간의 마음이다.

책을 읽는 독자 제위도 하늘의 승차권을 받길 원한다.

공과금

나는 평생 내 힘으로 돈을 벌어 본적이 없는 사람이다.

그 이유는 하늘에서 돈을 벌어준 것이지 내가 벌지 않았다.

그러나 사람들은 자신이 벌었다고 하는 사람이 많은데 잘못 이해하고 있다.

그러므로 내가 돈을 번 것은 하늘이 주인이다.

그래서 나는 작은 돈이라도 허락을 받고 쓴다.

나의 돈은 하늘에게 바치는 공과금이다.

나에게 공과금을 주셨기에 역시 내가 생각하기에도 그렇다.

나는 하늘에 공과금을 함부로 쓰지 못하지만 허락을 받는다면 얼마든지 쓸 수 있다. 하지만 돈쓰기가 무서울 때도 있다.

요즘 우리 사회에서는 공과금이 무서운 줄 모르고 쓰는 사람이 많은 것을 알 수 있다.

그것은 남의 것을 무서워하지 않고 쉽게 생각을 하기 때문이다.

그래서 보증을 서서 망하는 집안도 있다.

남의 것을 자기 것보다 중요하게 생각하는 사회가 되어야 한다.

비 피해를 당해 지금 강원도에 정부에서 지급 하는 돈이 평당 얼마 되지 않아 고치지도 못하고 이사도 못가는 실정이라고 주민이 말한다. 과연 정부는 누구를 위하여 있는가?

서민들만 해마다 어려운 고비가 온다.

누구나 잘사는 나라는 언제 올 것인가. 하루 벌어 하루 사는 사람이 많은 요즘 너도 나도 잘사는 나라가 되었으면 하는 바람만 있을 뿐이다.

정부에 있는 공과금은 누구를 위해 만들어 놓은 것인가?

수해를 입고 우는 수재민을 위해 만들어 놓은 것이 아니가.

나도 모르게 화가 난다.

집도 없이 잘 곳도 없다는데 정치인은 두고 보고만 있을 것인가. 말로만 서민을 위한 정치라 참으로 안타깝다.

나라를 이끌어갈 정치인은 언제 올 것인가? 수해를 입어도 정치인은 나 몰라라 골프치고 술집에 가서 노래하고 춤추고 해야만 하는가? 공과금을 서민을 위해 꺼내서 쓸 수는 없는가? 한심하다.

과연 우리 민족은 어떻게 살아야 한단 말인가.

정치인을 바로 뽑지 못한 국민이 책임을 지고 살란 말인가?

국민의 공과금을 바로 써야한다.

같이 살아야 좋지 않은가?

공과금 누구나 쓸 수 있는 돈으로 만들자.

미워하지마

미워한다는 것은 좋은 것은 아니지만 나는 누구보다도 하늘에서 미워한 사람 중에 한 사람이다.

이유는 하늘에 일을 하라고 알려주셨는데 난 그것도 모르고 40세가 넘어서야 하늘의 말을 듣기 시작했다.

지금도 하늘의 말을 듣지 않고 살아가는 사람이 많다.

그런 사람들을 볼 때 그 사람의 기운을 읽어줘도 모른체 한다.

아마 나도 하늘에서 볼 때 이러한 생각을 하고 있었을 것이다.

그래서 나는 하늘의 길을 알고도 가지 않는 사람들을 보면 이젠 미워하지 않는다. 다만 불쌍한 중생으로 보일뿐이다.

사람이 살면서 미워하지 않는 경우는 없을 것이나 남에게 미움을 받는 일을 하지 않고 살아야한다.

'신명들이 나를 볼 때 어떻게 생각을 했을까'하고 생각해 본다.

나는 너무 부족한 사람이다.

그래도 하늘은 나를 버리지 않았던 것이다.

지금은 이렇게 살게 한 것이다. 하늘은 말로는 표현이 어렵지만,

너무 위대하다. 위대하다는 것을 알 때 인간은 깨우치게 되는 것이다.

그렇다. 나같이 체험하는 사람이 지구엔 많다.

다만, 평범한 사람들이 이해하기란 어렵다.

난 미워하는 것이 있다.

그것은 잡신들이다. 나한테 한번 걸리면 가만히 놔두지 않는다.

잡신으로 인해 고통을 받는 사람이 얼마나 많은가?

나는 그런 사람들에게 잘 해주고 싶다.

잡신이 있는 사람들은 자신도 모르게 소외당하고 하는 일이 이루어지지 않는다.

그것을 해결해서 잘못 된 신의 세계를 평정시키고 싶고 모든 사람들이 신을 다루는 사람으로 만들고 싶다.

아직도 고정관념을 가지고 있는 사람들이 많지만 나는 미워하지 않는다.

왜냐하면 열리기 전에는 모르는 것이기에 이해한다.

정신적인 고통

육체적인 고통은 정신적인 고통보다 훨씬 아프다.

치유하기도 힘이 들고, 남북한이 통일이 안 된 것을 보라.

얼마나 정신적인 고통인가?

이산가족들은 육체적인 고통보다 정신적인 고통을 더 아프다 할 것이다. 그렇다. 물론 육체적인 고통도 참기 힘들지만 마음이나 정신적으로 느끼는 고통은 치유가 힘들다.

지금도 정신적인 고통을 받는 환자가 얼마나 많은가?

정신병원에서 자신을 잃어버리고 정신을 차리지 못하고 사는 사람들은 그 고통을 참기 힘들어하면서도 죽지 못해 살고 있다.

눈으로 보이는 고통보다 보이지 않는 정신세계는 직접 느끼지 않고서는 이해가 가지 않을 것이다.

나 역시 이런 고통을 느끼며 오랜 시간을 보냈다.

지금은 오는 손님들로 인해 마음이 아프기는 하지만 지금도 정신적으로 고통을 받는 어린아이들도 많다고 한다. 앞으로의 세계는 정신적으로 고통을 받는 사람들이 많이 늘어날 것이다. 그래서 정신치유가 필요한 사람이 많아질 것이며 신을 이은 사람은 이러한 현상이 일어난다.

힘이 없어지고 의욕이 사라지고 일을 싫어하고, 대화하기 싫어하며, 머리가 아프고, 어지럽고, 빈혈기가 있고, 서로 상대방과 대화가 안 되며, 심하면 정신병 환자라는 소리도 들어야하며, "신들렸다"라는 소리도 듣게 되는데 이때 판단을 가족들이 잘 해야 한다.

잘못하다가는 평생 고생을 하게 된다.

그만큼 정신적인 고통이 인생을 망치게 된다.

알다시피 나 역시 정신병 환자라는 말을 듣고 살아왔는데 이제 보니 이러한 병이었다.

아픈 곳이 확실하지 않게 아프면서 학교 다닐 때는 공부하기 싫고 도둑질을 하게 되며 자신도 모르게 폭력을 쓰게 되며 난폭해지기도 한다.

육체적인 병보다 정신적인 병이 더 무서운 병이다.

이러한 병이 걸리면 가족 모두 고생을 하게 되는데, 그것을 모르고 무조건 고치려고 환자에게 욕을 한다면 잘못 될 수도 있다.

대신 여기서 알아둘 것이 있다면 환자의 영이 얼마나 높은 지부터 알아야한다. 그 이유는 환자보다 낮은 신명이 고치려고 한다면 서로 고생만 할뿐이다.

특별히 알아둘 점은 절대로 굿을 통한 이렇게 정신적으로 고통을 받지 않으려면 우선 죽은 사람들을 천도 시키는 것이 우선이며, 맑은 공기와 지하실을 피해야하며 술을 가급적이면 마시지 않아야한다.

이런 점을 고려해서 살아야 한다.

그러면 머리가 맑아질 것이다.

한양천리

한국 사람이라면 서울을 싫어할 사람은 드물다.

특히 강남에 사는 사람들의 기운을 보면 '아, 그런 기운을 가지고 있으니 거기에 사는구나' 하고 생각을 하게 된다.

사람이 사는 것도 기운대로 살기에 기운이 없다면 강남에 살기가 어렵다.

우선 강남에 살려면 천신 줄이 있어야 한다.

학생이 학교를 다니는 것도 대학교에 붙는 것도 그러한 기운이 있어야한다. 사람들은 왜 서울 강남을 선호할까 아무래도 돈이 잘 돌기 때문일 것이다.

강남에는 여러 형태의 백화점이 있는데 그 백화점을 강북에 이전시킨다면 그대로 망할 것이다. 그것은 인간이 살아가는데 기운이 얼마나 중요한 것인지 알 것이다.

그래서 사람들은 서울을 선호하게 된 것이다.

우선 우리나라의 기운이 제일 좋은 곳은 청담동이며 제일 안 좋은 곳은 파주이다. 그리고 사람이 그런대로 살 수 있는 곳은 마포이다.

이런 기운을 알고 사는 것도 살아가는데 지혜가 될 수 있다.

옛 어른들은 풍수를 보고 지관에게 물어보고 살아간 것도 다 그런 이유가 있었던 것이다.

사람에게는 조상신이 있고 천신이 있는데 우리나라 사람 대부분은 조상과 천신이 같이 들어있는 사람이 대부분이며, 조상을 모시고 하는 것보다 천신을 모시고 사는 것이 살아가는데 훨씬 풍요러워진다.

돌아가신 정주영 씨도 천신을 모시고 있었다. 지금도 문화일보 정문엔 단군할아버지를 모셔놓고 있다. 그래서 사람들은 천신을 좋아하게 되며 조상은 자손에게 잘 해줄 것 같지만 결국엔 천신에게 밀려나게 되며 자손을 돌봐주는 기운은 사라지게 된다.

나는 서울에 재동 초등학교를 다녔었다.

그러나 초등학교 친구는 지금 한 사람도 만난 적이 없다.

지금은 보고 싶기도 하지만 이름도 생각이 안 난다.

겨우 한글을 아는 정도였다.

다행이다. 한글이라도 아니….

서울 물을 먹고 살았던 나는 가끔 고향을 간다.

어릴 때 올라왔기에 아는 분은 하나도 없다.

서울이 고향과 마찬가지이다.

내 고향은 충청남도 광천이다. 김과 새우젓이 유명하다.

대천에 기도를 갈 때 들리곤 한다.

말은 제주도로 사람은 서울로 보내라는 말이 있듯이 지금도 그런 생각을 하게 한다.

두만강

해가 거듭될수록 우리나라의 기운을 바로잡기가 힘이 들어진다.

두만강은 이렇게 말을 하고 있다.

우리나라에 기운을 바로잡아 줄려고 해도 인간들에게 무엇을 어디서부터 해줄지를 모르고 있다고 한다.

다시 말한다면 인간이 너무 잘못하니 이 나라의 부강은 오기가 힘들다고 한다. 그럼 어떻게 해야 하냐고 물어보면 우선 모든 국민이 자신의 기운을 알고 살아야 한다고 말을 한다.

그렇다. 그 말은 강의 기운도 있고 산의 기운도 있는데 왜 그 기운을 알지 못하고 사는가 하고 말을 한다.

이제 모든 국민들은 자신의 기운도 알고 자연의 기운을 바로 알아 살아야한다.

우리나라의 두만강은 강중에 가장 기운이 좋은 강이다.

우리나라에는 여러 강이 있지만 한탄강, 한강, 압록강, 섬진강, 금강, 임진강, 그 외에 많은 강이 있는데 그 모든 기운을 바로 알고 산다면 살기가 편해진다.

그만큼 우리나라 사람들은 기운을 모르고 살기에 잘 살 수 있는 기회를 잃어버리고 있다.

우선 남북통일이 되는 것도 산과 강과 바다의 기운 그리고 자연의 힘을 빌려야 한다.

물론 평범한 사람들은 이해를 할 수 없지만 조금이라도 기를 안다면 이해가 될 것이다. 우리 제자들은 가끔 기도를 떠나는데 그런 이유로 가는 것이다.

산과 강과 바다와 그 외 여러 가지 기운을 알기 위해 가는 것이며, 인간이 자연과 같이 한다는 것은 당연한 일이다.

다만 인간이 자연을 훼손한다는 데에 자연은 반론을 제기한다.

나는 통일이 된다면 두만강, 백두산, 압록강을 가보고 싶은 마음이다.

이제, 여러분도 시간이 된다면 두만강에서 목욕을 하며 기운을 느껴보라.

두만강은 '하늘의 문이 열리고 하늘에 감사를 느끼며 하늘의 기운을 받아라'하는 뜻으로 해석할 수 있다.

이렇게 두만강의 기운이 그만큼 좋다.

우리 모두 두만강의 기운을 활용하자.

그래서 한국의 의미를 찾자.

해장국

새벽에 해장국을 먹어본 적이 있는가?

사람의 기운은 시간을 맞춰서 식사를 하는데 가끔은 그 기운을 바꾸기 위해선 가끔 굶어 보기도 하고 많이 먹어보기도 해야 자신의 몸을 측정할 수 있다.

기도를 하는 사람들은 때가 없는 것이 특징이다. 언제 먹어도 소화가 잘되는 편이다.

사람은 하루에 3끼 내지 4끼를 먹고 살아야한다.

그러나 요즘 많은 사람들이 살을 빼기위해서 식사를 거르는 경우가 많은데 매우 잘못된 것이다.

기도할 때는 많은 날을 굶기도 하고 밤을 세기도 하는데 신명들은 밤을 새워야 좋아한다. 그래서 사람들이 기도를 하기 위해 밤을 꼬박 새우기도 하는 것이다.

알다시피 난 수많은 말을 기도를 통해 하늘을 알았고 또 하늘의 기운을 통해 강의나 환자를 고치고 천도제를 통해 많은 영혼을 달래기도 하지만 아직도 나는 하늘의 기운을 따라 밤을 새우며 기도를 종종 한다.

물론 나 자신을 위해 기도하는 것은 하나도 용납이 안 된다.

남을 위하거나 나라를 위하는 기도가 나를 위하는 기도라 생각하며 한다.

특히 나는 제자를 위하는 기도를 많이 하는 편이다.

기도하며 살아가는 하늘 제자들은 해장국을 냉수로 만족한다.

나는 기도하는 법을 몰랐다. 다시 말해 기도하는 법이란 따로 있는 것이 아니다.

기도하는 법이 따로 있다고 생각하고 있는 사람도 많은데 잘못된 것이다.

사람은 항상 자신도 모르게 기도를 하고 사는 것이다.

다만 하는지 안하는지 해야 하는지를 판가름 하지 못하기에 당황하는 것이다.

자신의 내면은 항상 기도를 하고 있다.

기도라는 것은 자신의 내면이 하늘에 하고 있다.

그것을 모르기에 사람들은 자신의 앞을 예견하지 못한다.

내면이 기도를 한다는 것을 알고 살아야하며 인간은 기도가 이어지지 않을 때 숨을 거두게 되는 것이다. 그래서 인생의 마지막 기도는 죽음을 맞이할 때 알 수 있다. 나 역시 내면이 뭔지 기도가 뭔지 영이 뭔지 몰랐던 사람이다.

지금 이런 것을 알고 난 뒤 인간이 얼마나 무지 속에 살아가는지를 깨닫게 된 것이다. 같이 해장국을 먹는다면 내면이 서로 통할 것이다.

해장국은 사람의 기운을 바꾸는데 명약이다.

해장국은 서민의 마음과 서러움이 있는 사람과 괴로워하는 사람들의 대변을 한다.

한강

한강이란 뜻부터 알아야한다.

“하늘에서는 한강이란 이런 것이다”라고 말을 해주신다.

인간이 살아가면서 하늘을 알고 우주를 알고 감사함을 알고 그 아는 것을 인간에게 알리며 서로 감사하고 서로 감사함을 느끼며, 서로 하늘을 얘기하고 그 속에서 하늘의 뜻을 알고 살아가는 뜻이라고 하신다.

우리는 한강하면 ‘응, 서울에 있는 강이구나’ 하고 생각만 하지만 하늘에서는 한강의 소중함을 이렇게나마 인간들에게 알려주고 싶어 하신다.

그렇다. 우리나라에 있는 한강의 소중함을 알고 살아야한다.

그래서 한강 근처에 아파트도 값이 나가는 것이다.

인간에게 물이란 것은 하늘인 것이다.

그 소중함을 모르고서는 인간이 살아가는데 어떠한 느낌이 없을 것이다.

우리나라의 한강은 그 어느 나라의 강보다 하늘에서 많은 기운을 내려주신 곳이다.

어떻게 보면 한강이 없다면 우리가 살아가기 더 힘이 들었을 것이다.

한강의 기운은 그 어느 것과도 바꿀 수 없는 존재이다.

그래서 가끔 한강의 기운을 받고 산다면 편하게 살 수 있다.

다만 너무 좋다고 많이 받는다면 어지러울 것이다.

자신보다 기운이 많이 들어오면 어지러워진다.

인간이 버틸 수 있을 만큼 기운이 들어와야 건강한 것이지 좋은 기운을 많이 받는다면 감당을 못한다.

가끔 기운을 받는다면 더 이상 좋은 것은 없다.

그래서 사람들이 뛰거나 걷거나 하는 곳이 한강이다.

환자들이 한강에서 많은 시간을 보낸다면 그것보다 좋은 약은 없다. 그 어느 약보다 효험이 있을 것이다.

또 한강은 우리의 식수원으로도 사용하고 있는데, 항상 깨끗이 해야 한다.

이제 여러분들은 한강의 중요함을 알았을 것이다.

물론 어떠한 것이든지 그냥 있는 것은 하나도 없지만, 한강은 특히 한국인에게 큰일을 하게 만들고 있다.

그 어느 것도 사랑해야 하겠지만 한강도 사랑하자

나도 한강을 하루에 몇 번씩 가보고 싶다.

멀리 산다면 가까운 강을 사랑하는 것도 좋다.

정육점

정육점은 알다시피 고기를 파는 곳이다.

어릴 때 나는 고기를 먹고 싶어도 집안사정이 여의치 않아 먹은 적이 거의 없었다.

지금은 상황이 다르지만 그때는 그랬었다.

어릴 때 고기를 먹어야 성장을 잘한다.

그러나 지금 세계를 보면 고기 아니라 밥도 못 먹고, 굶어죽는 아이들이 너무나 많은 실정이다.

이것을 누구나 알 것이다.

난 이런 시절을 겪어왔기에 너무도 그 어린아이들의 심정을 잘 안다. 그래서 가끔 정육점을 바라본다.

그 아이들이 얼마나 고기를 먹고 싶어 하겠는가?

돈가스도 먹고 싶고 함박스테이크도 먹고 싶은 충동 그것을 참고 산다. 어른들은 어떠한가? 자기가 하고 싶은 운동, 먹고 싶은 욕심, 그것을 다하고 살지 않는가?

물론 여유가 있다면 그렇게 하는 것도 당연하나 남이 하니 나도 따라한다는 식으로 사는 사람이 얼마나 많은가?

요즘 나는 밥을 먹기 싫어 안 먹지만 예전엔 먹고 싶어도 먹을 것이 없어 안 먹은 적이 많다.

초등학교 때는 점심을 싸가지도 못하고 학교를 갔다. 당시 운동장에 수돗물이 나의 절실한 점심이었다.

지금 생각해보면 그것까지도 하늘의 훈련이었다.

참으로 힘든 경우도 많았지만 나에겐 최고의 선물이었다.

어린아이에게 돈가스를 만들어 주는 캠페인을 벌이고 싶다.

어른들만 밥을 주는 곳이 아닌 아이들에게 밥을 주는 곳이 생겼으면 한다.

그 아이들이 자라서 나라에 기둥이 될 수 있도록 도와주자.

최소한 먹고 싶을 때 먹을 것을 풍족하게 만들어주자.

정육점에 눈을 돌리지 않아도 고기를 실컷 먹게 하자.

소나 돼지에겐 미안하지만 약으로 음식을 먹게 하자.

남은 생명

내 나이 언제 먹었는지 이제 50이 넘었다.

요즘 사람들은 나이가 별로 먹어 보이지 않는다.

기도를 한 사람들은 자신의 나이보다 다 젊어 보인다.

나는 이렇게 생각을 한다.

이제 하늘을 알고 살아가면서 누구에게나 인연이 되는 사람들에게 하늘의 소리를 들려주고 싶고 하늘의 명령대로 살고 싶은 심정이다.

우선 남을 도우려면 물질세계에선 돈이 필요하다.

도를 닦은 사람이 무슨 돈이 필요하냐 하고 반론을 하는 사람도 있을 것이나 나를 필요해서 돈이 필요한 게 아니라, 남을 도와주기 위해선 정신과 물질이 필요하다는 것을 뼈저리게 느꼈다.

선원을 하기 위해 어떠한 장소를 보증금과 집세를 낸다고 해도 빌려주지 않아 여러 군데 전전긍긍했다.

이것을 볼 때 단군할아버지를 모시고 산다는 것이 얼마나 힘든가를 알았다. 지금까지 열 군데에서 했다. 민족이 다 그렇다. 거의 우리 조상을 모르고 사는 사람이 많다는 것을 느꼈다.

여기저기를 찾아 할아버지와 오랫동안 다녔는데 이제는 평생 할아버지를 모시는 곳을 마련했다.

시작할 때는 50원가지고 했다. 그때가 1995년이다. 이제는 책을 쓰고 많은 이들이 도움을 주기에 '아, 내가 잘 해야 도움을 받을 수 있구나'하고 생각하게 됐다. 1997년도엔 이제 '웅천선원'이라 해라 해서 지금껏 선원을 운영해 오고 있다.

나는 지금 순간도 하늘에 감사를 느낀다.

보잘 것 없는 나에게 큰 기운을 내려 깨달음을 가르치고 있으니 참으로 우주의 힘은 대단하다는 것을 알게 한다.

여러분들도 나이가 있듯이 나이에 맞게 살아가야한다.

영의 나이는 틀리다. 나는 사실 영적으로는 만 살이 넘는다.

물론 인간의 나이는 아니다.

그러므로 인간의 나이를 따진다면 할 말이 없다.

지금까지 후회하고 살았다면 하늘을 알기 원해라.

그래야 후회할 일이 없을 것이다.

즉, 마음이 열려야 무엇을 알리라.

우선 내 나이에 맞게 열려야 한다.

"마음이 열리면 열리는 치수가 나이랑은 틀리다"라는 것을 알 수 있다.

우울증

큰일이다. 요즘 사람들은 우울증이 누구나 조금씩 다 있다. 단지 수치가 틀릴 뿐이다.

우선 우울증은 자신의 몸 안에 있는 신명들이 자신과 서로 틀린 생각을 갖고 있는데서 오는 병이다.

우선 "여행을 해라. 말을 많이 해라. 자신이 하고 싶은 일을 해라"라고 말하고 싶다. 그래도 밝아지지 않는다면 우선 지하실은 피해라. 우울증은 인간에게 가장 큰 적이다.

나 역시 우울증으로 20년 이상 고생을 한 사람 중에 한 사람이다.

그래서 우울증을 더 잘 안다. 의사라고 아는 것은 아니다.

직접 자신이 경험하지 않고 책만 보고 약물치료만 한다면 그 환자는 언제든지 우울증이 올 것이다.

나는 누구보다 우울증 걸린 사람을 상대했다. 의사는 아니지만 그런대로 많이 효험을 받고 갔다.

우울증을 걸린 사람들은 대부분 이렇다. 상대방과 대화하기 싫어하며 밥도 먹기 싫어하고 혼자 있기를 원하고 어떨 때는 괴팍스럽고 또한 집안 사람을 공포에 떨게 하고, 스스로 웃으며, 엉뚱한 일을 저지르기도 하며, 괜히 짜증을 내고, 일하기를 싫어하고, 자신이 자신이 아닌 생각이 들어가며, 무서움증을 느끼며, 나이에 비해 어린아이가 되며, 잘못하면 정신이 이상한 사람이라고 오해를 받을 수도 있다. 그래서 우울증은 스스로 목숨을 끊기도 하게 하고, 이상한 짓을 하게 한다.

사람으로서는 용서가 안돼는 일을 할 때가 많다. 그래서 옆에 있는 사람들이 그 모습을 읽고 그때그때마다 적응을 잘해야 하는데, 쉬운 일은 아니다.

아마 집에 우울증이 있는 사람이 있다면 그 마음은 속이 터질 것이나 마음대로 안 되는 것이 우울증이다.

아이에게도 우울증이 있다. "공부해라, 공부해라"하는 것도 우울증이 오기 쉽다. 우울증이 있다면 가끔 어른을 못 알아보는데, 그 아이를 욕하고 때린다면 더 큰 우울증으로 변하기 쉽다.

다시 말하면 그 아이는 자포자기한다. 이때가 제일 위험하며 이미 높은 수치가 되어 있기에 낮게 하기란 보통 힘이 드는 것이 아니다.

남자아이가 군대를 가서 우울증이 있다면 위험한 일들을 서슴없이 하게 되는 것이며 그 우울증으로 인해 자신은 물론 옆에 있는 사람까지 못할 짓을 하게 만든다. 군대에서 자살이나 나쁜 짓을 하는 것도 다는 아니지만 우울증에서 이어지는 경우가 많다.

이것을 볼 때 인간은 우울증에서 벗어나고자 하지만 그렇게 자기 생각만큼 군대생활이 쉬운 것은 아니다.

지금도 우리 사회에선 여러 형태로 우울증이 있는데 또 한 가지는 직업을 갖지 못해 우울해 하는 사람들이 많은 편이다. 항상 즐거운 마음과 서로 어울리고 대화를 통하며 살아가야한다.

마지막으로 신의 길을 가야하는데 가지 않는 사람이 그냥 살려고 하면 여러 가지 병이 오며 우울증으로 고민을 하게 된다.

신을 보낸다면 우울증은 사라질 것이다.

이렇게 여러 가지로 우울증이 있는데 병원에 가도 효험이 없다면 그것은 신으로 오는 병이기에 신기를 벗어야한다.

그래야 평범하게 사는 것이다.

빙의

한마디로 말한다면, 빙의는 귀신병이다.

다시 말해 빙의란 자신의 생각과 관계없이 어느 귀신이 들어온 것이다.

우선 좋은 수도 있고 나쁠 수도 있다.

다시 말해 자신에게 필요한 귀신이 있다면 자신의 몸에서 꺼내서 써야 하겠지만 귀신이라기보다 신명이라고 하는 것이 좋다. 그 신명이 언제 들어왔고, 무엇을 하기 위해 들어왔는지도 알아야하며 빙의가 됐다고 무조건 나쁘다고는 말할 수 없는 것이다.

나 같은 경우는 쉽게 말하면 우주에 빙의가 되어있다.

그래야 이런 책도 쓸 수 있다.

이렇듯 필요한 신명이라면 써야 하며 자신을 방해하는 신명이 들어와 있다면 과감히 보내야 하는데 모르고 그냥 놔둔다면 어떠한 일이 벌어질지 상상이 안 갈 것이다. 그래서 기를 가르치거나 신에 대해 가르친다면 하늘이나 우주에 빙의가 돼 있어야 한다.

그렇지 않고서는 가르칠 수 없다.

우주에 빙의가 돼있지 않다면 깨달을 수 없는 것과 마찬가지이다. 그래서 하는 말인데 자기 자신이 하늘에 빙의가 안 되고서는 아무리 기수련을 한다 해도 발전이 없으며 오히려 퇴보를 하게 된다.

이 점을 알고 수련을 한다면 하루하루가 몰라보게 달라질 것이다.

지금도 기수련 단체에서 몸을 담고 있다면 하늘과 자신의 신명이 하나가 되어있나 보라. 그렇지 않다면 그 일을 할 자격이 없고 하면 할수록 답답할 것이다. 또한 다른 사람에게 거짓으로 알려주고 있게 되는 것이다.

어느 노스님이 빙의된 것을 보낸다고 하는데 자신보다 높은 기운이 들어왔다면 절대로 보낼 수 없다는 사실을 알아야하며 그것이 거짓이라는 것도 빨리 깨달아야한다.

그것은 신명의 세계를 알지 못한 무지함으로 일어나는 현상이니 오히려 자신이 힘들 것이다.

이제 빙의에 대해 간단하게 어필했는데 이 정도면 빙의의 세계를 알 것이다. 빙의는 누구한테나 있는 것이며 빙의가 돼야 인간은 어떻게 살아가든 나름대로 살아가게 되는 것이다.

빙의는 무조건 나쁜 것은 아니다.

우리민족에 빙의가 될 때 제일 좋은 것이다.

당신의 사주는 잠자고 있는가?

물론 믿지 않은 분은 사주팔자가 없다고 할 것입니다.

그러나 인생경험을 하거나 잘못될 때 누구나 '팔자소관(八字所關)'이라는 말을 하곤 한다.

나는 수없이 많은 사람들의 사주를 본 적이 있다.

누구나 자기 자신의 사주가 잘 나오길 바라고 있다.

그러나 엉뚱한 답이 나오면 자기가 생각하고 있는 것과 다르다고 화를 내거나 무시하는 경우가 많았다.

지금도 찾아오는 손님들을 보면 여러 군데서 점을 보고 오는 사람들로 주를 이룬다. 어쩌면 자기의 사주가 좋게 나올 수 있는 곳을 찾아다니는 것이다. 혹 당신은 앞으로 할 일이 없고 산에 올라가서 도를 닦아야 한다고 하면 버럭 화를 내는 사람도 있다.

어떤 답을 듣고 싶어 오는 것인지 나는 잘 안다. 그러나 하늘에서 내리는 대로 답을 주는 나는 답답할 때가 많이 있다. 자기 자신의 사주를 잘 나오길 바라는 사람에겐 어떠한 말을 하기가 두려울 때가 있다. 또한 어디에 가서 점을 보고 그곳과 틀리다고 하는 경우를 가끔 얘기를 하는 사람들을 볼 수 있다.

물론 역학으로 보는 경우와 판이하게 틀리게 나오는 경우도 있다.

그것은 역학으로 보는 것은 통계로 알 수 있으나 나는 통계로 보는 것이 아니라 영적으로 하늘에서 내리는 대로 보는 것이기에 그 사람의 기운을 바로 읽어 내리는 것이다.

다시 말해 그 사람만의 기운을 읽어 내리는 것이지 통계로 보는 것이 아니라는 말이다.

사주팔자는 분명히 있다. 그러나 사주를 이름과 나이로만 본다면 착오가 많이 생긴다. 역학은 25%로의 확률이 있고 영적으로 보는 것은 70%를 보고 있다. 그러나 역학으로만 본 사람들은 영적으로 보는 것을 이해하지 못하는 경우가 많다.

그러므로 역학을 좋아하는 사람들이 있는가 하면 무속인을 찾아가 보는 사람도 있고 스님을 찾아가는 경우 그 외 여러 가지로 자기의 사주팔자를 보러 다닌다. 또한 자기의 사주가 잘 나오거나 지나간 일을 한두 가지 잘 맞춘다고 용하다고 하는 경우가 있는데 사주는 지나간 것을 맞추는 것이 아니라, 미래를 알고 싶어 하는 사람들에게 필요한 것이다. 그러나 지나간 일을 맞추었다고 용하다고 하는 것은 많은 착오를 안길뿐이다.

나는 그 사람의 사주를 맞추는 사람은 아니다. 그 사람이 올바로 자기의 길을 갈 수 있도록 길을 안내하는 입장이다. 다시 말해 미래를 알지 못한다는 것은 사주팔자를 볼 필요가 없다는 말이다.

오늘도 자기 자신의 사주가 궁금해서 찾아오거나 자문을 원하는 사람들이 많은데 자기의 사주를 보려면 자세가 중요하다.

전화로 사주를 알고 싶어 하는 사람들도 많은데 아주 잘못된 것이다. 지금도 신문이나 잡지에 전화로 사주를 보는 코너가 있는데 아무 소용이 없는 일이라는 것을 알아야 한다. 그냥 장난으로 사주를 보려면 몰라도 자기의 인생을 맡긴다면 어처구니없는 일을 당한다는 말이다. 자기 자신의 사주를 보려면 마음의 자세가 필요하다.

사주는 한번 보면 되는 것이다, 또한 사주는 장난삼아 보는 것이 아니다. 장난삼아 사주를 본다면 더 고통이 따른다는 것을 알아야 한다.

사주팔자, 우리는 그것에 개입을 하지 않고는 살 수 없다.

그러나 꼭 그렇게 살지 않으므로 100%로 믿을 필요도 없다.

사주는 자신이 타고난 기운을 보는 것이다.

아, 세상에 이런 일이

세상엔 텔레비전에서 방송 못 할 일이 많다.

이해를 하지 못하기에 나도 언젠가 SBS에서 방송이 된 적이 있지만 너무나 억울하게도 내가 하고 있는 것들이 자기들이 이해를 못하는 것을 가지고 사기라고 나온 적이 있었다.

나는 사기를 어떻게 치는 줄도 모르는데 한 사람을 매장시키려고 참으로 웃기지도 않게 이해를 못하는 사람들이 방송을 엉망으로 나오게 해서 오해를 받은 적도 있다. 정말 그때는 죽고 싶은 마음이었다.

결국 나는 증거를 제시해 내가 하고 있는 일들이 올바른 것이라고 해서 결국 나는 죄가 없는 사람이라고 판명됐던 적이 있었다.

인간들은 남이 잘 되는 것을 보고 칭찬은커녕 오히려 남을 망가뜨려 놓으려 혈안이 되어있다. 특히 단군할아버지를 모시고 하늘의 일을 한다는 것이 이해를 못하는 사람들로 인해 한국이 싫어진 적도 많았다. 어찌 한국 사람이 자신의 조상을 외면하고 남의 것만 좋아하고 정말 자기 조상을 외면하는 국민이 되었는가 한심했다.

나 혼자만 단군, 단군 해봐야 누가 알아주는 사람은 없고 힘이 드는 것은 사실이나, 그래도 하늘에서는 121명의 제자를 만들어 우리나라를 위해 민족을 위해 일을 하라고 하신다.

TV에 사실을 왜곡하고 방송 나올 때는 어찌 사람들이 그런가 하고 한탄하기도 했지만 지금은 올바른 곳에 빛이 있다는 사실을 알게 하며 살고 있다.

단군할아버지를 모시고 공부한다는 것은 참으로 힘이 든다.

사명을 가지고 한다면 어떠한 일을 하는 것보다 보람 있고 떳떳하고 항상 하늘에서 능력을 주니 날로 새로운 것을 만끽한다.

우선 누구나 나 자신을 하늘에서 인정한다면 그것보다 더 좋은 일이 어디 있겠는가.

나는 잘난 체 하는 것 같지만 하늘에서 인정을 하기에 두려운 것이 없다. 참으로 바로 살려고 하는 사람들은 힘이 좀 있다 하는 사람들과 배웠다 하는 사람들이 짓밟고 있는 세상이다.

어려운 사람을 도와주고 자신보다 못한 사람을 생각한다면 이 사회는 진정 밝음이 자리를 잡고 살 수 있을 텐데 하는 마음으로 세상에 왜곡되는 일이 없어야 하겠다.

이 점을 고려해서 여러 방송국이 서민을 살리고 국민들의 알 권리를 바로 알려주는 매개체로 살아남아야 한다.

순간포착

영들의 세계는 1억 분의 1초 동안 수많은 일을 만들고 있다.

영의 속도는 한순간을 놓치면 어떠한 일이든지 만들 수 없는 것이며 하늘에서 나도 모르게 내려오고 있으며 언제든지 정신을 차리지 않는다면 영의 세계를 만날 수 없는 것이다.

여러분에게도 영들이 내려와 어떠한 행동을 했는데도 모르고 그냥 살아온 사람들도 많다.

지금도 영들은 인간에게 알려주려고 하고 있지만 몸속에서 잡신이 있을 때는 알 수가 없는 것이 영들이 하는 일이다. 어떤 사람이 깨달으려고 한다면 한순간 한순간이 중요한 것을 알아야하며 인간이 깨닫는 것은 깨달을 수가 없으며 하늘의 도움이 절대로 있어야 한다는 사실을 알아야한다.

지금까지도 깨달으려고 노력을 했지만 깨닫지 못한 것은 인간이 깨달으려고 했기에 그런 것이다. 내면이 깨달아야 영원한 것이며 내면이 바로 서야 자신이 생기며 용기가 있으며 불의를 참지 못하게 되며, 깨닫고 나면 자신이 어떠한 일을 하고 싶어도 하늘의 허락 없이는 할 수 없다.

매 순간 매 순간 하늘의 소리를 내면에 담는 것이 깨닫는 것이니 아무리 아는 것이 있다 해도 아는 체 하지 말아야 한다.

일생은 한순간 한순간으로 이어져간다.

한순간이 중요함을 알아라.

무표정

어린아이가 바로 태어나면 어떤 표정일까?

아마 얼떨떨할 것이다.

어머니의 뱃속에서 수많은 시간을 보내고 세상에 나오니 '아, 여기가 어디야'하고 띵 할 것이다.

아마 그때는 표정이 거의 없어 보일 것이다.

하지만 측근이나 부모는 어린아이가 웃기를 기다리는데, 세상에 나온 아이는 답답함을 더 느끼게 된다.

우리는 언제나 웃는 얼굴을 좋아한다.

일부러라도 하루에 몇 번이라도 웃어야한다.

어린아이가 하루에 몇 번 웃는 것으로 인해 집안은 평안을 가져온다.

그래서 웃음이 있는 가정은 서로 밝게 살아가는 것은 물론 항상 즐거운 일이 생긴다.

나도 웃는 적은 별로 없다. 거의 무표정으로 살아간다.

우선 재미있어야 웃게 되는데 언제나 걱정이다.

물론 나를 위한 걱정은 아니다. 무엇이든 남을 위한 걱정을 한다.

특히 가장 걱정인 것은 자신을 모르고 사는 사람들이다.

자신을 알고 산다면 얼마나 좋을까 하는 생각에 하루가 저문다.

지금 거리에 나가 봐도 사람들이 다 무표정이다.

우리 사회가 서로 웃는 얼굴로 대한다면 얼마나 좋을까 하는 생각이 든다.

웃음을 잃어버린 나라보다 웃음 속에 살아가는 나라가 좋을 것이다.

인간은 항상 만족이라는 것을 모르고 살아가기에 웃음이 사라진다.

조금만 기분이 좋아도 신나게 웃어보자.
무표정은 사회에 위압감을 형성한다.
무표정이 사라지는 나라로 만들자.
신명이 웃을 수 있게 기회를 잡자.
하늘도 웃음이 나게 살자. 그러면 온 인류가 웃음으로 살 것이다.

영체

영체란 인간을 싸고 있는 것을 말하며 영체가 없다면 인간이 살아갈 수 없다.

그러므로 영체란 자신의 모든 것을 말한다.

영체는 자신이 생기기 전에 미리 있는 것이며 영체를 모르고서는 인간이 살아가는데 필요한 존재이다.

나의 영체를 잃어버리고 살았다.

영체는 우리 주위에 항상 맴돌고 살고 있다.

영체는 죽음이 없다.

자신의 영체는 600그램 정도의 무게를 갖고 있으며 작지만 영체는 무한한 기운을 가지고 있으며, 인간에게 영체를 통하여 무엇인가 알려주고 있으며, 영체는 영을 통한 사람에게는 볼 수 있는 것이며, 영체를 이용할 수 있으며 영체를 통해야만 하늘의 기운을 느낄 수 있는 것이며, 깨닫기 위해서는 영체의 모습을 읽을 줄 알아야한다.

그러므로 영체를 모르고서는 자신이 하는 일이 두서없게 되며 영체가 없다면 "너, 정신나갔냐"하는 소리를 듣게 된다.

어느 것이나 영체를 갖고 있으며, 영체를 무시한다면 영체의 도움이 없기에 여러 가지로 문제를 풀 수 없게 된다.

영체는 영이 묶여져서 생긴 것이므로 하나하나 영체를 나눌 수 있어야 한다. 인간을 싸고 있는 영체는 인간의 눈으로는 볼 수 없는 것이기에 눈으로 보려한다면 하늘의 명령을 받고 살아야한다.

나 또한 영체를 알기 위해 수많은 시간을 허비했고 이제 영체를 보지 않으려 해도 보인다. 영체는 인간의 지식과는 무관한 것이기에 영체는 알려고 하면 감춰지는 습성이 있기에 영체는 스스로 보여지는 것이다.

영체의 세상을 이해해야 신과 영과 기의 세계를 알 수 있다. 기수련이나 여러 가지 수련을 하기 위해서는 영체를 알 수 있는 수련부터 시작해야 하며 영체를 모른다면 아무것도 모르고 하는 것과 같다. 영체의 중요성을 알아야한다.

보호령

인간에게는 수많은 일이 일어나며 인간이 알 수 없는 일들이 날이 갈수록 무수히 일어나고 있다.

다시 말하면 인간이 해결할 수 없는 일들이 무수히 많다.

그렇다면 그런 일들은 영으로 해결을 해야 한다.

나 역시 영적으로 하고는 있지만 아직도 못하는 부분이 있다.

지금도 그런 부분을 위해 하늘과 대화를 통해 영성공부를 하고 있다.

영성공부는 하늘과 대화를 통하지 않고서는 할 수 없다.

사람의 몸에 보호령이 누구나 들어있는데 그중에서 필요없는 보호령도 있다는 것을 나는 알았다.

우선 자신의 몸에 보호령이 제구실을 못한다면 여러 가지로 생활을 못하게 막게 되는데, 이렇게되면 어린아이에게는 자폐증상이나, 말을 못하고 인지능력이 떨어지게 되며 자신 혼자로서는 생활하기 힘들어 지는데 이것을 약으로 대처하려고 하는 부모의 마음부터 고쳐야 한다.

자폐나 간질로 고생하는 환자들은 아직도 정확히 병명을 모르고 살아가고 있는 실정인데, 부모로서는 죄인으로 살아갈 수밖에 없다.

어느 날 말을 못하는 어린아이가 왔는데 그 아이는 병원에서 고칠 수 없는 병으로 판정을 했다고 한다.

내가 보니 그 아이는 부모의 기운으로 인해 기가 막혀 있는 아이였다. 그러니 병원에서는 알 수 없는 병으로 맞지도 않는 처방을 하고 있었다. 먼저도 글을 쓴 적이 있지만 영적으로 병이 왔는지 아니면 의술로 고쳐야 하는지부터 알아야 한다.

그리고 그때부터 치유에 들어가야 한다.

아직도 우리가 사는 세상에는 불치병으로 고생을 하는 환자들이 있는데 불치병은 영적으로 오는 병이라는 것을 알아야하며 굿을 하거나 어떤 구명시식 같은 행동을 한다 해도 아무런 소용이 없다. 다시 말해 영적으로 해야 한다.

물론 영적으로 한다 해도 안 되는 경우도 있다.

자신의 보호령을 아는 것이 최우선이다. 보호령이 잘못 들어왔다면 보호령부터 바꿔야 한다. 이것이 기운을 바꾸는 일이다.

보호령으로부터 보호를 받아야 건강하고 할 일을 하게 된다.

나의 보호령은 하늘이며 사람마다 보호령이 틀려 용왕도 될 수 있다. 자신의 조상이 될 수 있으며 우리나라의 보호령은 단군할아버지이다.

사업을 하는 사람들에겐 산신이 있어야하며 부동산을 하는 사람에게는 지관이 있어야 한다. 이렇듯 어떤 보호령이 있느냐에 따라서 사람은 그 기운대로 살아가는 것이며, 어떤 보호령이 없는데 없는 것도 모르면서 무작정 그 일을 한다면 성사가 어려운 것이다.

보호령이 얼마나 대단한 것이라는 것을 깨우쳐라.

세계의 신

제일 먼저 『도반』 책을 집필하기 전에는 『세계의 영을 다루는 남자』라는 책을 한권 발간했다.

우리는 세계의 신을 받아들여 세계화를 만들어야 한다.

우선 한국 신인 자신의 바로 조상보다 세계의 신을 맞아들인다면 영적인 범위가 넓어지고 점점 더 맑아질 것이다.

지금 우리가 살고 있는 지구는 세계의 신들이 있기에 우리의 범위를 넓히는 데는 신들을 이용해야한다.

나는 지금 세계의 영을 다루고 있다.

영을 받아들인다면 누구나 할 수 있는 경지이다.

다만 얼마나 인내심이 있느냐가 문제이다. 하늘의 시험이 대단하기 때문이다. 나는 그 시험을 이기고 이렇게 영을 다루게 된 것이다.

이렇게 세계의 신을 다룬다는 것은 신들이 도움을 요청하면 서로 그 요청에 응해주는 것을 말한다.

인간적으로 신들을 다루는 것은 아니다. 영적으로 하는 것이다. 세계의 신을 다룰 때 우리나라는 강국이 되는 것이며 미국은 이미 세계의 신을 다루고 있다.

잘 산다는 것은 세계의 신을 다룰 때 이루어지는 것이다.

세계의 신을 다루지 않는다면 항상 그 자리이며 발전이 없음을 뜻하는 것이다.

부처도 세계의 신을 다루는 경지에 올랐던 사람이다.

물론 하늘의 도움이 있을 때 이루어지는 것이며, 인간으로서는 할 수 없는 것이며 흉내만 내는 것이다. 다시 말하지만 영적으로 승화가 되어있을 때 이루어지는 것이다.

이렇게 되면 세계의 어느 신도 생각만하면 도와주는 것은 물론 인간이 상상할 수 없는 초월적인 일을 하게 된다.

세계의 영을 다루게 된 동기도 우리나라를 하늘에서 걱정해 나에게 그 능력을 주신 것이다. 내가 하는 것은 아무것도 없다.

그렇다고 보면, 인간은 하늘의 조정이 필요하며 잡신이 없을 때만 가능한 것이다. 여기서 볼 때 잡신이 있다면 인간이 살아가는데 얼마나 걸림돌인가를 알게 한다.

우리나라도 세계의 신들이 도움을 주는 나라로 만들어야한다.

또한, 세계의 신들이 들어온 사람들이 많은 나라가 한국이다.

그것을 모르고 살아가는 사람이 많다.

그 나라의 대통령이나 큰 기업을 운영하는 회장들은 대부분 세계의 영들이 도움을 주고 있다.

그래서 외국을 자주가게 된다.

이 책을 읽는 독자 제위 여러분들도 세계의 영이 얼마나 중요한가를 깨닫고 그 신명을 받아들인다면 일은 저절로 풀어나가게 된다.

제6장

내가 만난 사람들

인천 십정동 어느 여인
– 임신이 어렵다

어느 날, 제자 할 기운이 들어있는 여인이 찾아왔다.

그 여인은 결혼을 했다고 한다.

몇 년이 지나도 몸에 이상이 없어 책을 보고 나를 찾아왔다.

그 여인은 편하게 살고 싶어 한다.

30대 중반이었다.

그 여인은 영적으로 볼 때 결혼을 하지 못할 기운을 가지고 있었다. 그러나 인간적으로 편하게 살고 싶어 결혼을 했다고 한다.

하늘 제자들은 특색이 있다. 다 그런 것은 아니지만 결혼을 하면 내면에서 질투를 해 결혼생활을 못하게 만든다.

물론 그것도 천신들의 조정으로 이루어진다.

인간은 그것을 모르기에 자신의 생각대로 결혼을 하게 된다.

물론 인간적으로는 결혼을 하는 것이 당연하겠지만 신명 세계에서는 용납을 하지 않는 것이 당연하다.

그것을 모르고 결혼한다면 얼마나 힘이 드는지 나는 잘 안다.

그 여인도 그런 것을 이해한다.

그래도 결혼을 했는데 이 여인이 평범하게 사는 것이 보기 좋은데 하는 생각으로 다행히 아직 이 여인은 하늘의 제자의 길을 가지 않아도 된다고 하늘에서 답을 주셨다.

그래서 이 길을 가지 않아도 된다는 말에 감격해서 눈물을 흘렸다.

얼마나 다행한 일인가?

대신 이혼하지 말고 잘살라는 하늘의 말이 내려왔다.

이제 몸에 있는 기운을 바꾸는 일을 하기 시작했다.
이제 아이도 낳고 잘 살았으면 한다.
이 여인은 앞날이 밝을 것이다.
지금까지 하늘의 길을 가지 않아 힘들게 살아온 여인이었다.
앞으로 잘 살았으면 한다.

충주에서 건설업

– 내 사업이 이렇게 안 되지?

한 남자가 멀리 충주에서 자신의 기운을 알고자왔다.

그 사람은 굿도 하고 여러 가지 잘 본다는 곳을 다녔다고 한다.

하늘에서 이 분에게 "당신은 스님 팔자야" 하고 말씀을 하셨다.

스님 팔자라는 것은 꼭 스님을 하는 것이 아니라 돈을 벌면 내 것이 아니라, 사회를 위해 써야하고 부인이나 자식이 소용없다는 뜻으로 말을 해주신 것이다.

그 사람은 16살 때부터 그러한 기운이 있었기에 사업이 안되는 경우였다. 그것을 모르고 여기저기 다닌 것이다.

이제 답을 알고 그렇구나 하고 자신을 알았다. 이제 스님을 할 수 있는 기운을 보내고 산신에게 기도를 하니 마음이 한결 가벼워 졌다고 한다.

지금도 이러한 팔자를 가진 사람들이 사업을 한다면 답답할 것이다. 진작 알았다면 하는 소리가 저절로 나왔다.

이제 그분은 사업을 제기할 것이다.

잘됐으면 하는 마음이다.

영주에서

— 깨달음 공부를 하고 싶어요

어느 여인이 찾아왔다 김포까지 전날 왔다고 한다.

하늘제자가 되기 위해서 온 것이다.

물론 하늘제자가 되기 위한 기운은 들어 있었다.

단, 마음자세가 안돼 있었다.

하늘제자는 내 자신이 해라마라 할 수는 없는 것이다.

그것은 하늘에서만 하는 것이다.

내 자신이 하고 싶어도 할 수 없는 것이 하늘공부이다. 그러나 인간으로서 쉽게 생각을 한다면 오히려 큰 화를 입게 된다.

마음이 제대로 박혀 있을 때 깨달을 수 있는 것이며 하늘을 알기 위해선 지금까지 자기가 한 것이 얼마나 잘못되어 있는가를 알아야 한다.

그러나 어디 쉬운가?

아쉽지만 그 여인은 제자하기가 어렵다.

물론 그 길을 안내해 줘야 하는데 인간인지라 따라오기가 힘이 든다. 그 여인에게 이렇게 말해주고 싶다.

놀지 말고 아무거나 닥치는 대로 일을 해서 살라고…….

대전 어느 여인
– 사방이 막혔어요

어느 날 한 여인이 찾아왔다.

찾아온 사람들의 말을 쓸려면 책으로 몇 권을 써도 모자를 것이다.

그렇다. 나 같은 기운이 한국에 너무나 많은 게 사실이다.

그것을 모르고 살다가 우연히 책을 보고 아, 하고 찾아오는 분이 한둘이 아니다.

책을 보지 않고 찾아오는 사람은 만나지도 않는다.

이유는 이해를 못하기에 책을 읽고 온 사람도 이해를 못하는데 그냥 온다면 이해는커녕 나보고 헛소리한다고 한다. 이 여인은 원래 이혼을 하고 술장사를 했다고 한다. 그리고 망했다고 한다.

내가 무슨 말을 해주기를 원하는데 답은 한 가지이다. 자신의 길을 가지 않고 방황을 하니 하늘에서 가만히 놔주지 않은 것이다.

그것을 모르는 것도 아니다. 자신이 어떤 길을 가야하는지도 알면서 안 하는 것이다. 그렇다면 어떻게 될까. 여러분들이 더 잘 알 것이다. 자신의 길을 알면서도 안 간다면 답이 없는 것이며 잘 되는 경우는 보기 힘들다.

그래서 그 여인은 사방이 다 막혀있다.

다행이 이 사실을 같이 온 남자 분이 알았다. 물론 긍정을 했다. 그래서 서로 긍정하게 돼서 마음이 편해졌다고 한다. 지금까지 얼마나 힘이 들었겠는가를 생각해 보라.

참을 수 없는 고통을 갖고 살았을 것이다.

앞으로는 순리대로 살았으면 한다.

군산 어느 젊은이

– 정신병이 있어요. 너무 아파요

어느 젊은이가 왔다. 젊은 남자 대학생이다.

사는 곳이 군산이라고 한다.

가끔 머리가 찌릇하고 힘이 없고 밖에 나가기가 두렵고 누구랑 대화하기도 싫고 여자친구 한 명도 사귀지 못하고 산다고 한다.

전공은 호텔학과라 한다.

공부가 되지 않고 집중력이 안 된다고 한다.

이 말을 듣고 난 하늘에 여쭈어보았다.

그랬더니 이렇게 답을 해주셨다.

"그 대학생보다 큰 기운이 들어있어 그렇게 된 것이다"하고,

난 그 학생에게 이렇게 말을 해주었다.

"나도 너처럼 그런 적이 있었다. 그러니 걱정하지마라" 하고 말을 해주니 안심이 된 것 같았다.

그 학생은 가깝게 외할머니가 나 같은 길을 안 갔기에 어머니와 함께 그런 기운이 들어있었던 것이었다.

누가 믿겠는가? 영의 세계는 이런 것이다.

할머니는 "그래요, 맞아요. 그런 것이 있어요" 하고 이해하기 시작했다. 어머니에게도 그런 기운이 있으니 테스트를 했다.

입에서 천어가 나오고 천서를 쓰기 시작했다.

어머니 자신도 놀랬다.

이렇게 하늘의 도구로 쓸라고 하늘에서 선택을 한 것이다.

이제 그것을 알았다. 할머니도 시집와서 여태껏 고생을 하고 어머

니도 이혼을 하고 힘들게 살고 있다고 한다.

이제 그러한 기운을 천도시켜야 된다고 했다.

날짜를 잡아 어느 날 천도를 시키니 그러한 기운이 사라졌다.

이것을 누가 알겠는가?

보이지 않는 세계가 있다는 것을 알아야한다.

이제 아들은 학교를 졸업하고 평범하게 살기를 기원한다.

날이 갈수록 건강을 찾아갈 것이다.

제7장

정신세계

영(靈)의 세계와 깨달음의 진실

누구다 나 정도령(正道靈)이 되어야 한다는 그런 사실을 알리고자 여러분과 같이 하고 있습니다. 정도령이란 뜻은 정도로 가는 영이란 뜻이지 이름은 아닙니다.

여러분도 정도(正道)로 가는 세상을 펼쳐야겠고, 기의 세계와 영의 세계, 깨달음의 세계를, 아직 진리적으로 진실 되게 모르시는 것을 여러분과 함께 하고자 합니다. 오늘은 때에 맞춰서 여러분이 원하시는 테마를 가지고 같이 하려 합니다.

첫 번째 내용은 영의 세계와 깨달음의 진실로 여러분과 같이 시작하겠습니다. 아시는 분도 계시고 모르시는 분도 계시리라 생각합니다.

영의 세계는 어려운 것도 아니고 무지하게 쉬운 것도 아닙니다. 그러나 하면 할수록 어려운 것이 영의 세계이며 깨달음의 세계라 합니다. 흔히 요즘 세상 사람들은 마음공부를 해서 깨달음으로 가고자 하는데 누구다 다 이미 깨달은 것과 같습니다. 세상에 태어나면서 아무것도 모르고 태어납니다.

알면서 아는 만큼 더 막히는 경우가 있다고 합니다.

그러니 우리가 알고 있는 것보다 모르는 것이 훨씬 더 많은데도 세상 사람들은 자신이 다 알고 있는 양 하기 때문에 자기를 모르고 사는 경우가 많습니다. 그래서 이혼율이 많은 나라가 앞으로는 바로 우리나라가 된다고 합니다.

그것은 서로 기가 맞지 않고 영이 같지 않아 서로 깨닫지 못했으니 그런 결과를 초래하는 것입니다.

영의 세계와 깨달음의 진실, 깨달음으로 가는 행로, 이런 것을 가지고 많은 시간은 아니지만 짧은 시간의 만남의 강좌로 시작하겠습니다.

그럼 영은 무엇이고 영의 세계는 어떻게 가야하고, 깨달음의 진실은 어떤 차원으로 가야 하는지 같이 하려 합니다.

영은 여러분이 생각하듯이 보이지 않은 세계라 합니다. 하지만 느낌으로는 알 수 있는 것이 영의 세계라고 합니다.

어린아이가 태어나서 배고프면 울듯이 그런 느낌으로 어머니가 밥을 주고 젖을 먹이는 그런 것을 가지고 영의 세계라 할 수 있고, 그것을 느끼면서 젖을 먹는 그 아이를 기를 느낀다 할 수 있습니다. 그 기와 영과 믹스가 된 것을 깨달음이라 일컬어 말할 수 있습니다.

깨달음은 죽을 때까지 가는 것이지 한 순간에 깨달을 수 없다는 것이 깨달음이라는 것이고 깨달음은 편하게 사는 사람은 깨달을 수 없다는 것이 깨달음에 한 가지 약점이 있습니다.

그러므로 고생도 좀 하고, 경험도 좀 하고, 번뇌도 고독도 인간이 가질 수 있는 여러 가지 낭패, 이런 경험을 가지고 사는 사람이 쉽게 깨달을 수 있습니다.

요즘엔 책으로 깨달음이나 여러 가지 상식을 믹서해서 배우고 깨우치고 하는 경우가 많은데, 사람은 스스로 다 깨우친 자이기 때문에 깨달으려고 하니까 힘이 드는 것입니다.

이미 사람은 깨달아가지고 태어나게 되어있습니다. 영의 세계에서는 이렇게 이야기합니다.

인간은 이미 깨닫지 못하면 태어날 수 없다는 것을 하늘에서 인간에게 깨달음을 보장하고 태어나게 합니다.

그러므로 세 살 전까지는 인간은 완전히 깨우치고 깨달은 것인데 세 살 이후부터는 다른 것을 배우고 나서부터는 깨달은 것을 잃어버리고 살다가 성인이 되거나 사회경험으로 여러 가지 난관에 부딪힐 때 결국 그 사람이 깨달음이 무엇인지 다시 찾는 것인데 깨달음이란 것은 다시 어린아이로 돌아가는 것이고 다시 자기가 태어난 곳으로 돌아가는 것을 깨달음이라합니다.

그래서 영적 세계는 우리와 항상 밀접하게 있고 우리가 알고 있는 것을 하나하나 끄집어내는 것이지 그것을 찾아 가는 것은 결코 아닙니다.

내면 세계를 쭉 들여다보면 내가 가지고 있는 것을 하나 씩 두개씩 갖고 있던 것을 끄집어내는 것입니다. 그러니 사람이 세상을 살아가면서 죽을 때까지 영의 세계와 같이 하고 있다는 것조차 모르고 있는 사람들이 굉장히 많습니다.

이것을 여러분들이 깨닫는 것만 해도 그것이 바로 깨달음입니다. 그러니 일부러 영적공부를 하려고 해도 일부러 또 영적공부를 하지 않으려 해도 저절로 나오는 습관, 관습, 성격 등 이런 것이 전부 다 그 사람의 영적 존재라 할 수 있습니다.

그래서 하늘에서는 영의 세계라 하면, 물론 크게 보면 엄청 크지만 사람이 깨달을 때가 가까이 오면 '아~ 깨달음' 무엇인지 압니다.

인간을 아는 것이 가장 큰 깨달음입니다.

세상에 가장 무서운 것이 있다면 바로 인간이라 했습니다. 그러므로 인간에는 뼈가 200개가 훨씬 넘습니다. 그러니 그 뼈를 하나씩 하나씩 학식으로나 아니면 영적으로나 기로 보면 그 뼈마다 다 기운이 다 틀립니다. 그것을 하나씩 깨우치는 겁니다.

인간을 아는 것이 바로 깨우침이라고 했습니다.

깨우침으로 가는 것은 사람의 머리카락이나 맨 밑의 발가락, 발톱까지 성분이나 성격, 환경 등 알 수 있는 것을 깨달음이라합니다.

지금도 산에서, 강에서, 교회에서, 절에서 기도하고…. 많습니다.

다 욕심으로 하는 것이지요. 깨달음은 뭘 한다 해서 깨달을 수 없습니다. 깨달으려 하지 않았을 때 아무것도 몰랐을 때 이루어지는 것입니다. 다만 "난 깨달음으로 가야겠다" 하면 이미 끝난 것입니다.

그러니 인간이 깨달으려 해도 하늘에서 주지 않습니다.

다시 말해 깨달음으로 가려면 하늘의 시험에 합격해야 합니다. 쉽게 말해서 하늘에서 심의를 합니다. 그래서 부처나 예수나 성인들을 보면 하늘에서 선택한 것이지 인간이 자기가 깨달으려고 한다는 것은 어려운 것입니다.

그래서 선택을 받기 위해서 기도하거나 경험을 쌓거나 자기의 욕심을 버리는 것이지 선택을 받지 않고서는 깨달음의 진로를 찾을 수는 없는 것입니다.

그러므로 우리가 영의 세계를 쭉 훑어보면 영의 수준이 어린아이가 가장 높다는 것을 아마 인식할 것입니다. 요즘 영적세계로 영을 보면 어린아이가 가장 영이 높습니다. 그리고 지식이 좀 많은 사람들이 좀 높습니다.

중간 사람은 어떤 사람이냐? 단을 한다든가 마음공부를 하는 사람, 신기가 있는 사람, 깨우치려하려고 하는 사람들이 중간 사람입니다. 그러니 제가 글을 쓰는 것을 중간 사람들이 많이 봤으면 하는 바람으로 준비하고 있습니다.

여러분들이 이 책을 읽고, 관심이 있다면 아마 여러분 스스로 기를 받고, 또 영의 세계의 기를 받을 수가 있고, 깨달음의 길로 하루바삐 10년이 걸릴 사람은 3년, 3년이 걸릴 사람들은 1년으로 그렇지 않은 사람들은 한 달, 두 달 안에 깨달음을 터득할 수 있는 좋은 길, 그런 방향으로 끌어가는 것입니다.

영은 어느 좋은 것을 선택하느냐 좋아하느냐 나쁜 것을 선택하느냐 판단을 잘하는 것이 영의 세계입니다.

영의 세계를 알고자 한다면 우선 판단을 잘 해야 합니다.

사람이 살아가면서 판단을 잘못한다면 영이 이미 죽어버린 것이고 그 사람의 뇌파가 없는 것과 같은 것입니다.

요즘 뇌호흡 힐링 이런 말을 자주 쓰지만 그것은 하늘의 도움 없이는 절대 될 수 없으며 자기 욕심으로는 절대 이룰 수 없다 생각합니다.

그래서 깨우침이란 길에 가고 싶으면 영의 세계를 분명히 판단 할 줄 알아야 됩니다. 예를 들어, 나쁜 친구를 사귀지마라 그랬는데 내가 판단을 못해서 나쁜 친구를 사귀었습니다. 결국 나쁜 친구가 나쁜 게 아니라 결국 내가 나쁜 사람이었다 이 말입니다. 그래서 영의 세계를 알게 되면 판단의 오판이 없다 이런 말이지요.

정치하는 사람들도 영의 세계를 좀더 안다하면 '대통령, 장관이 되겠소~' 하고 이런 것보다 자기행실을 올바르게 닦고 많은 사람들에게 사랑받는 좋은 일을 많이 한 사람 그것을 영의 세계로 많이 진입

한 사람이라 말합니다.

그러니 인도나 일본이나 독일이나 미국 사람들은 영적으로 수준이 훨씬 높습니다. 그 이유가 있습니다.

그 사람들이나 우리 사람이나 다 똑같은데 우리나라 사람들은 기를 하늘에서 엄청 많이 내린 최고의 기를 가진 그런 국민입니다. 그러나 우리 것을 버리는 바람에 그 크나큰 기를 다 버리고 말았습니다.

외국 것을 좋아하고 선호하고 하는 것은 영의 세계가 발전이 안 된단 얘기죠.

우리나라는 영적으로 보면 초등학교 수준밖에 되지 않고 일본은 중학교, 미국은 대학 수준인거죠. 나라가 영의 수준대로 살아가는 것입니다.

나라가 영의 수준을 믿고 안믿고를 떠나서 그 사람 얼굴이 맑고 깨끗한 사람은 영적인 수준이 높다고 이렇게 말할 수 있습니다.

여러분도 영의 수준을 높이고 영의 길을 바로 가고, 좀더 잘 알려면 항상 밝은 마음과 밝고 맑은 정신을 가질 때만이 깨달음의 길로 이른다 이 말입니다. 30년 동안 기도를 하면서 많은 것을 터득했습니다. 아직도 영원히 배울 것이 많습니다만, 지금까지 걸어온 '영의 세계는 엄청나게 고통을 많이 주는구나'하고 생각합니다. 그만큼 많은 선물을 주는구나 이렇게도 생각해 봅니다.

영의 세계란 것은 여러 가지가 있겠습니다만 항상 준비하고 하늘에서 내려주고 영을 준비하는 사람만이 앞서 갈 수 있습니다.

영의 세계는 어느 사람이 말 한대로 쉽게 책을 읽은 대로 되는 것은 절대 아닙니다. 그 이유는 영은 영을 알려고 할 때는 영을 알 수가 없습니다. 영은 저절로 알게 되는 것이지 무엇이 원인 제공을 해서, 혹은 배움을 통해서 아는 것은 영의 세계라 할 수 없고, 영은 여러분이 잘 알듯이, 우뇌로 오는 것이지 좌뇌로 오는 것이 절대 아닙니다.

영의 세계는 좌뇌 지식, 우뇌 지혜입니다. 영의 세계는 지혜로 하는 것입니다.

예전에 솔로몬 왕이 돌멩이 던져서 돌멩이 하나로 인간을 쓰러뜨린 경험을 봤죠, 마찬가집니다.

지혜가 있으면 영의 세계가 빨리 다다를 수 있고 지혜가 있으면 영은 자기 것이라 합니다.

사람마다 다 틀리지만 우리나라 수준은 초등학교 수준이기 때문에 아직까지 영의 수준을 좀더 높은 사람이 가르치려 하려면 좀더 힘든 그런 나라가 됩니다.

기의 세계에서도 앞으로 우리나라가 세계적으로 나아가고자 하는 그런 마음을 가지고 이렇게 출발하고, 시작하고, 길을 터가고, 깊이를 알고 더 넓혀가고, 이렇고 해야 합니다. 이것 자체가 영의 세계라 합니다.

그러니 영의 세계를 알기 쉽게 표현하자면 5가지로 표현할 수 있습니다.

1. 영의 세계는 충분히 건강한 사람만이 영의 세계를 알 수 있습니다.
2. 영의 세계를 알고자 하면 우선 배운다는 생각을 항상 마음속에 가지고 있어야 합니다.
3. 어떤 고난이 와도 슬픔과 여러 가지 고통이 오더라도 참고 이

기고 '모든 것이 내 잘못으로 인해 시작됐구나'하고 긍정해야 합니다.

4. '영의 세계란 내가 알고자 해서 하는 것이 아니다'라는 것까지 깨닫고, 하늘에 맡겨야 한다는 것이 가장 중요한건데 그것을 외면하면 안됩니다.
5. 영의 세계는 별과도 대화를 하고 하늘과 또 어느 사람 물건, 물체와 대화를 할 수 있는 것이 영의 세계입니다.

마찬가지로 내가 카메라와도 대화를 할 수 있는 것, 이것이 영의 세계지 그것을 모른다면 안 되며 영의 세계는 눈으로는 보이지 않지만 뜻이 아주 오묘하고, 깊습니다. 그러므로 영의 세계를 알고자 하면 아마 이 다섯 가지를 명심해야 합니다.

기와 영과 신의 세계를 여러분이 알고자 하지 않아도 저절로 알 수 있습니다. 그러므로 영의 세계를 알아야만 깨달음의 진리를 "아~ 그렇구나. 그것이 영이로구나"하고 알 수 있습니다.

요즘에는 여러 가지 병이 많습니다.

의학으로는 못 고치는 것을 영적으로 고치고 있습니다. 그러나 의사들은 그것을 무시하고 부정하고, 그런 부분이 많았습니다. 하지만 최근에는 여러 나라에서 우리나라에서도 기공이라든가 영의 세계, 신의 실체를 무시하지 않고, 전적으로 밀고 나가는 대체의학으로 많이 사용되고 있는 중입니다.

그러므로 영의 세계를 많이 아는 의사야말로 진정한 의사라 볼 수 있고,학식으로만 해서 사람의 인체 구조를 아는 것만으로 병을 고치는 것은 이제는 늦었습니다.

영의 세계를 알아야만 심리 상태라든가 몸의 기운이라든가 특히 여러분이 잘 알고 있는 오랄을 볼 줄 알아야 의사가 되고, 영의 세계를 알아야 충분히 환자를 고치고 또 미래를 볼 수가 있습니다.

두 달에 고칠지 영원히 갈지 지금 우리나라에 영적으로 고생하는 정신병자들이 얼마나 많습니까?

제가 알기로는 그 중 정신병자들 70%가 영적으로 거의 다 병이 있고 100% 중에 환자가 30%는 절대 아니지만 70%는 절대로 영적인 병이 맞다는 것을 인식해야합니다. 그러나 환자가 정신과 약을 10년, 5년 먹고 낫지 않는 것은 영적세계를 부정하고 살기 때문에 그 사람들은 고통을 따르고 있습니다.

저는 앞으로 정신세계, 영적세계를 잘 모르는 사람들과 같이 영의 세계를 터득하게 하고 영의 세계를 알려주는 그런 일을 영원히 하려 합니다.

하늘에서 영의 세계란 한 마디로 말할 수는 없지만 영의 세계에 심취하면 사람의 머리가 맑아진다는 것을 알려드리겠습니다.

영의 세계는 나무에도 영이 있고, 또 어느 물체든지 지나가는 개미한테도 영이 있고, 메뚜기, 나비한테도 영이 있고, 어느 것 하나 영이 없는 것이 없습니다.

다시 말해 우리가 쓰고, 사고, 팔고 하는 모든 것들이 영이 하나씩은 다 들어 있습니다. 그러니 그 영의 세계를 알고 나면 그 물체의 내면적인 기운을 알게 되며 그때 영의 세계를 터득하게 됩니다.

깨달음을 터득했다고 해서 사람이 달라지는 게 아니고 뭐 잘난 것도 절대 아니고, 영의 세계를 알면 사업이 잘되고 가정도 화합이 잘되고 나라도 화합이 잘되고, 세계적으로도 화합이 잘 되고, 세계화,

세계화, 하지만 영의 세계를 모르고 세계화로 나갈 수가 없습니다. 그것은 말뿐입니다.

미국 사람의 영, 아프리카 사람의 영, 일본 사람의 영, 그 영의 세계를 다 흡입하고 우리나라 사람의 영을 전부 합의 시킬 때 분명 세계화가 될 것입니다. 그러나 영의 세계가 일치가 안 되면 너나 나나 못사는 나라가 될 것입니다.

서로 잘 나려고 하면 마음만 있으면 절대 되지 않는다는 얘기죠.

영의 세계를 우리가 절대로 알려고 하면 안 된다고 했듯이.

영은 이렇습니다. 하늘에서 가끔 이렇게 얘기합니다.

저는 영을 받는 사람이기 때문에 영의 세계를 하는 것이 직업입니다. 영은 단적으로 쉽게 말할 수가 있습니다.

"션양꺼야쓰."

이 말은 방언이 아니고 천어(天語)라고 합니다.

"뜨징구러파샹."

뜻이 없는 사람은 영의 세계를 알 수가 없다고 했습니다.

다시 말해, 의식을 가지고 사는 사람만이 영의 세계를 알 수 있는데 영은 이렇습니다. 하늘의 별과 대화를 하고 이렇게 될 때 5차원이라 합니다.

그러니 5차원은 높은 것은 아니죠. 7차원쯤 가면 여러분도 알다시피 여기서 멀리 있는 이북에 있어도 그 사람이 뭘 하는지 알 수 있는 염력이 생깁니다.

7차원까지 올라가야 염력이 생기는데 인간적으로 하는 염력과 영의 세계를 통해 하는 염력은 큰 차이가 있습니다. 그러니 여러분이 1년, 2년, 3년 공부하는 것처럼 지금 다르고, 좀 있다 다르고, 매일 다른 것이 영(靈)입니다.

영(靈)의 세계는 우리가 알 수 없는 여러 가지가 많습니다. 그러니 그 세계를 단시간에 말할 수 는 없지만 염력, 초능력, 초현상, 인간보다 높은 능력을 가지고 있는 것을 영의 능력, 영의 세계, 영의 진실, 영의 진리, 영의 표본, 영의 감각 이렇게 이야기할 수 있지요. 그러므로 영의 세계를 가고자 하는 사람은 우선 하늘을 알아야합니다.

하늘을 모르고는 절대 영의 세계에 갈 수가 없습니다. 하늘을 안다면 우주를 알아야합니다.

첫째로 우주를 알게 되면 '아~ 영의 세계가 이거다'하는 것을 판단할 수가 있습니다. 하늘을 안다고 해서 영의 세계에 갈 수가 없죠.

영의 분포는 18차원까지 있습니다. 18차원까지 가면 어떤 차원까지 갈 수 있냐 하면 우주와 그리고 나와 유체이탈이 됩니다.

18차원가면 사람은 땅에 있어서 그 안의 내면적인 영은 우주까지 가서 서로 교신을 보내는 채널링을 하게 되어있습니다. 그러니 영을 알려는 분은 이 말을 들으면 더 쉬워질 것입니다.

먼저 어느 것과 사랑을 해야 합니다.

세상에는 좋은 것과 나쁜 것이 없습니다. 다 좋습니다.

그러니 내가 싫다고 싫다 하지 말고 내가 좋다고 좋다 하지 마십시오.

다 남이 좋은 것은 다 좋은 것이고 남이 나쁜 것은 그것도 다 좋다고 생각하시면, 누구보다 영의 세계에 빨리 갈 수 있습니다.

두 번째는 잠을 자지 않아야 합니다.

참 희한한 얘긴지는 몰라도 잠을 자지 말란 얘기는 인간적인 얘기가 아니라 항상 깨어 있어야 한단 얘깁니다. 잠을 자도 깨어있어야

합니다. 다시 말해 뇌가 깨어 있어야 영의 세계에 갈 수 있고, 영의 세계에 진입이 가능하다고 이렇게 말할 수 있습니다.

그래서 깨어 있어라. 잠을 안자는 게 아니고 잠을 자되 그 뇌파는 항상 우주와 교신이 되어있고, 동행, 하나 되어 있도록 깨어있어야 한단 얘기입니다.

여러분이 알 것은 무궁무진합니다. 여기서는 대체적으로 중요한 것만 말씀드립니다만, 영의 세계는 또 접하다 보면 우주의 소리, 하늘의 소리가 있다는 것을 알 수 있습니다.

이렇게 하늘공부를 시작하고 영의 세계를 알게 되면 하늘에서 무궁무진한 능력을 내립니다. 사람들이 그 능력을 가지고 예전부터 써 온 것입니다.

특히 우리가 아는 예수가 바로 그런 것입니다. 장사한지 사흘 만에 태어난 것이 사람이 태어난 것이 아니라 영이 태어난 것입니다. 그러다가 다시 돌아가셨습니다만, 영의 세계가 끝났다는 것입니다.

그러므로 우리가 영을 알게 되면 이렇게 천부경도 알 수 있고, 성경, 불경도 저절로 알 수 있게 됩니다.

이것을 18차원이라고 합니다. 불경을 보지 않았어도…. 그러니 입에서 생각 없이 저절로 나오게 됩니다. 또 성경을 보지 않았어도 또 목사님이 말씀하시는 것을 미리 알고 있는 것을 영의 세계라 합니다.

영적으로는 그 어느 것에도 그 내면을 알 수 있습니다.

영의 세계를 알게 되면 그때부터는 내면 세계를 알고자 노력하게 됩니다. 그러므로 영의 세계는 내가 공부를 해서 되는 것이 아니라 하늘에서 내릴 때 마다 그것을 잘 따라서 하게 되면 되는 것이지 영의 세계는 책도 없고 글도 없고, 안내자도 사실 없습니다.

그러나 인간으로서 안내를 하고자 한다 하면 앞서 영의 세계를 간 사람의 말을 듣고 따라 준다면 쉽게 영의 세계에 갈 수가 있는 것이죠. 우리가 알고자 한다 하면 모르는 것은 없습니다만 영의 세계나 깨달음은 분명히 알 수가 없습니다.

영의 세계나 깨달음의 세계를 추구하는 사람이 분명 이걸 보고 있다 하면 제가 말하는 중에도 영의 세계의 기운이 나오는 것을 한번 느껴 보십시오. 이것을 느끼는 사람은 분명 영의 세계에 빨리 갈 수 있습니다.

그리고 사업 하는 사람, 학생, 정치인, 어느 업에 종사하든지 영의 세계를 깨달아야만 그 사람이 정상에 올라가는 것을 알게 될 것입니다. CEO가 되고 싶다면 영이 있어야 합니다. 그러므로 지금은 제가 많은 종합적인 예술로 사람도 보고 여러 가지 기운도 보고 나라와 정세, 문화, 경제 등에 심열을 기울여서 영의 세계를 접합니다. 아마 여러 직업을 가진 사람이 영의 세계를 가진다면 엄청난 효력을 알 수 있을 겁니다.

세 가지 네 가지의 영의 세계를 접할 때마다 여러분들이 새로운 것을 느끼게 되면서,

"아, 영의 세계를… 아니, 마음이 우선 편해지는구나" 하고 느끼게 됩니다.

또 한 가지, 밥을 안 먹어도 영적으로 뭔가 알았다면 배고픈 것을 잊습니다. 또 욕심도 없어집니다. 또 바라는 것도 없습니다.

그러므로 깨달음이란 것은 바라는 것도 없고 욕심도 없고, 배고프지도 않고, 나한테 누가 아무리 잘하든 혹 못해도 거기에 관심이 없

습니다. 그러므로 깨달음으로 통하는 길은 어느 것에도 관심이 없고 다 긍정을 한다, 이 말입니다.

그래서 세상의 모든 것을 긍정하는 사람만이 진정한 깨달음이고, 깨달았다 하더라도 자기 혼자 안다면 아무 소용이 없다고 생각합니다. 다른 사람을 깨닫게 해주는 사람이 정작 깨달음입니다.

요즘 사회를 보면 예수나 붓다가 없었다면 기독교나 불교가 없어서 서로 아웅다웅 싸우지 않을 텐데 예수 붓다가 무슨 죄가 있겠습니까? 없는데도 종교를 만들어놓아서 이렇게 잘못되는 경우가 많습니다. 마음이 종교이며, 또 한편으로 보면 우주며, 여러분이 종교를 가진다면 마음의 종교를 가지십시오. 마음이 자기의 가장 큰 종교이며, 마음이 우주이고, 마음이 깨달음입니다. 그러므로 사람의 기(氣)는 입으로 받지만 그 다음 다리, 머리로 받습니다. 맨 마지막은 마음으로 받습니다. 마음을 알아야 깨달음으로 가는 것이지, 머리가 똑똑하고 다리가 축구선수 태권도 선수처럼 강하고 입이 말 잘하고 세고, 이런 것이 깨달음이 아닙니다. 마음의 자세를 어떻게 갖느냐에 따라 마음이 악하거나, 마음에 좋지 않은 생각을 가지고 있는 것이 발견이 된다면 절대로 깨달음을 찾을 수도 없고, 갈 수도 없고 모든 것을 버려야만 갈 수 있다는 것을 나중에야 알게 된다는 것입니다.

영의 세계는 그 나라와 나라, 그 세계와 그 세계, 너와 나 이런 것을 맺어주고 떨쳐주고 깊이 사랑하게 해주고 원수가 되게 해줍니다.

미국과 다른 나라와의 싸움도 마찬가지입니다. 영의 세계는 서로 같은 영을 가지고 있다하면, 서로 싸우지도 않고 헐뜯지도 않고 테러 같은 게 없는데 영의 수준을 맞추지 못하다 보니까 그 사람 마음이나 내 마음을 읽지 못하고 그러한 사건이 발생되는 것이죠.

지금도 우리나라에는 영의 수준을 맞추지 못해서 서로 헐뜯고 올라가는 사람을 서로 끌어내리려 합니다. 또한 좀더 똑똑한 사람을 올려주면 좋은데 자기만 잘 나려고하고, 남을 위해서 살아가면 자기 자신이 올라 갈 텐데도 그렇게 못하고 영의 세계를 나와 같이 접목하면 좋아지는 것이 몇 가지 있는데, 가장 좋은 것은 자기를 싫어하는 사람이 생기지 않는다는 겁니다.

두 번째는 건강을 유지할 수 있다는 것입니다. 만약 60세까지 산다 하면 영의 세계를 알게 되면 적어도 한 5년까지는 더 산다는 것이 가능하다는 것이죠. 자기의 기운을 남한테까지 좋은 기운을 줄 수 있는 기회도 생기게 되고 또 하나 혼자라는 것을 잊어버리게 되고 더불어 사는 세상을 느끼게 됩니다.

오늘 이 글을 보신 분들은 영과 깨달음의 진실을 알고자 한다면 끝까지 눈으로 귀로, 물론 보지만 마음으로 한번 느껴보시면 "아~ 영의 세계와 깨달음의 진실이 이런 것이구나"하고 보는 것만으로도 깨달을 수 있고 보는 것만으로 영의 세계를 접할 수가 있습니다.

마음 적으로 볼 때와 마음 적으로 느낄 때가 됐다는 것을 안다 하면 여러분에게 더 없는 공부가 된다는 것을 알려드립니다.

영의 세계라는 것은 끝도 시작도 사실 없습니다. 그러나 오늘 여러분에게 이 글로 말미암아 전달해드리는 것이 짧을지 모르지만 조금이나마 현실에 맞게 영의 세계를 접하고는 있습니다.

여러분이 보는 것도 영(靈)의 세계입니다. 또 느끼는 것도 영의 세계입니다. 또 다시 봐야지~ 하는 것도 영의 세계입니다. 여러분이 그 영의 세계나 깨달음의 진리, 진실 이것을 한 층 한 층 단계가 더 높아지고 더 재미있고, 더 심취하게 되고 또 자기 마음이 더 깨끗해진다는 것을 느낄 것입니다.

저는 영의 세계를 접할 땐 이렇게 접했습니다. 아무것도 몰라야. 다시 말하면, 뇌에 아무것도 없어야 들어오는 게 많아집니다. 그러니 자기가 아는 것은 일단 있는 것을 버리세요. 버려야 영의 세계로 갈 수 있습니다.

우리가 알듯이 초등학교, 중학교, 고등학교 차원이 있듯이 하늘에도 그러한 차원의 학교가 있습니다. 물론 영의 차원의 학교입니다. 여러분이 지금 막 태어났다고 생각하시고 대학원까지 간다는 마음을 먹고 3달만 열심히 하시면 하루에 20분만 시간을 쓰시면 영의 세계라는 것은 "아~ 이제 알만하다" 저절로 공부가 된다는 것까지 6달만 공부하시면 알게 됩니다.

다시 말해 판단이 서게 됩니다. 그래서 영의 세계를 접하다 보면 여러 가지 현상이 많이 일어나지만 물론 가끔 아플 때가 있습니다. 약을 먹어도 낫지 않을 때가 있습니다.

그것은 영적공부를 자기 내면에 있는 것과 하늘과 같이 합의가 되서 저절로 유체이탈이 되어 공부할 때가 온다는 말씀입니다. 그러므로 그때가 되면 그 순간만 몸이 아프지 그 순간이 지나면 10배 100배 승화가 돼서, 몸이 재창조가 되어 아주 기분도 좋고 자기가 하는 일이 저절로 됩니다.

물론 노력을 해야겠지만, 자기가 생각지도 못한 일들이 저절로 펼쳐진다 이런 말입니다.

영을 접하면 접할수록 여러 분들이 모르는 세계를 아는 것뿐만 아니라, 자기생활도 윤택해지고 자기생활이 윤택해짐으로 해서 남을 도와주는 마음도 엄청 생기게 되는 거죠. 말로만 영의 세계하며 시중에는 정신세계를 다룬 책에서는 말도 많습니다만 의혹된 것들이 너무 많다 보니 어느 것을 접해야 정말 영의 세계이고, 어느 것이 정말 깨달음으로 가는 것인지 잘 모르는 것입니다.

그러니 이 글이야말로 여러분이 정말로 영의 세계와 깨달음의 진실을 알고자 하는 분에게는 아주 좋은 공부가 되지 않을까 생각합니다.

이 말조차 영의 세계라고 생각하는 분은 이미 영의 세계로 가고 있는 것입니다. 영의 세계를 공부하고자, 알고자, 깊이까지 가고자 하는 분들은 우선 건강한 마음을 가져야 합니다.

지금 건강 건강해서 많은 사람들이 여러 마음수련원에 다니고 있습니다만 마음이 건강하지 않으면, 마음 수련원, 기(氣)수련원 백날 다녀도 소용이 없습니다. 그러니 마음이 건강하면 저절로 수련이 되는 것입니다. 꼭 수련원에 다니지 않아도 된다 이겁니다.

꼭 교회를 다닌다고 해서 예수를 믿는 것은 아닌 것처럼 집에서든 어디에서도 자기 마음을 강하고 또 건전한 마음을 가지고 산다면 그것이 영적 세계로 가는 것이고 깨달음의 진실을 자기 스스로 표현하는 것입니다. 그러므로 영의 세계는 무게도 없습니다. 깨달음에도 역시 무게가 없습니다.

대신 자기의 건강한 마음만 있으면 됩니다. 건강한 마음은 자로 잴 수도 없고 무게로 나타낼 수도 없습니다. 다만 자기가 얼마만큼 느끼느냐에 따라 거기에 무게가 있고, 자를 찾고서 여러분이 다시 생성할 수 있는 좋은 계기로 만들 수 있습니다.

오늘 영의 세계를 접하면서 여러 말을 제가 했습니다만 아직도 깨우치지 못한 사람이 "깨달았다" 하는 사람도 있습니다. 이미 깨달은 사람은 말을 하지 않습니다.

행동으로 옮기고 그냥 눈짓으로만 합니다. 하지만 다만 깨달음을 너무 좋아하고 앞으로 하고 싶어 하는 분도 너무 많기에 "아, 이 세상엔 이것이 꼭 필요한 것이구나"라고 생각합니다. 이것이 없다면 이 세계가 여러 가지 말로만 멸망, 천지조화, 예언, 그 외 여러 가지로 괜히 심취하고 고민하는 분들이 많은데 제발 그런 분이 없길 바랍니다. 다시 말해 천지개벽은 없습니다.

자기 마음이 바뀌는 것이 천지개벽이지 이 나라나 이 세계는 없어지지 않습니다. 우리가 살고 있는 순간만은 걱정하지 않아도 됩니다. 그것이 영입니다.

영은 어떤 것이 영이냐? 여기서 저 후지산에 있는 그 산신과 대화를 할 수 있는 것이 영입니다.

"안녕하세요?"~ 하면 그 영이 "어~~안녕하세요?"

"내 목소리 나오네~ 아, 할머니 신이구나"

이렇게 알 수 있는 것이 영의 세계입니다.

부산 해운대에 용왕이 있지요. 여러분들이 다 아실 것입니다

젊은 사람들 결혼해서 신혼여행을 많이 가지요.

거기 가면 바닷가를 보면서 꼭 절을 하는데 하지만 물방울 하나가 아무것도 아닌 것 같지만, 물방울 하나가 바로 우주이고 하늘입니다. 물방울 하나가 모여서 바다가 되듯이 물방울 하나지만 갖다 놓고 보면 수천 가지 느낌이 있을 것입니다.

마찬가지로 인간은 아무리 깨달았다 하더라도 물 한 방울 말릴 수도 없고 옮길 수도 없습니다. 그러므로 깨달음이란 것은 영의 세계라는 것은 자연과 같이 호흡하고, 자연과 같이 살아가는 것을 깨달음이라고 할 수 있습니다.

그러므로 운동을 잘해서 깨달음으로 갈 수 없는 것이고 또 돈이 많이 번다해서 깨달음으로 갈 수 없는 것이고, 또 지식이 많아도 깨달음에 다다를 수 없는 것입니다.

깨달음은 자연과 같이 호흡하면서 어느 것 하나 소중하지 않은 것이 없고, 다 소중한 것, 이렇게 생각하는 것이 깨달음이라 할 수 있겠습니다.

오늘 이 이 글에선 할 말은 많으나 여러분의 수준에 따라 말씀드리고 있습니다. 그러므로 영의 세계는 어머니가 심부름을 시켜도 "예~", 아버지가 뭐라 해도 "예~", 윗사람이 뭐라 해도 "예~", 친구가 나한테 손해를 끼쳐도 "좋아~" 하는 것이 영의 세계입니다.

다시 말해 모든 것을 감싸주고, 배려하고, 여러분들과 같이한단 생각을 가지고 뒷선에 서지 말고 앞에 서서 우리나라 민족을 살리고 국가를 살리는 그런 일에 동참하는 것도 영의 세계이고, 깨달음입니다.

나라가 위태롭다 하면 함께 동참하는 것도 공부를 못하면 "잘해야지~", 엄마 말씀 잘 듣고, 할아버지, 말씀도 잘 듣고 이게 바로 깨달음~.

우리 여자를 사랑하는데 '아~ 정말로 사랑해줘야지.' 이게 바로 깨달음~.

깨달음은 멀리서 찾지 말고 가장 가까이서 찾으면 됩니다.

특히 초등학생은 음식 잘 먹고, 잘 뛰어 놀고 이것이 깨달음~.

정치인은 정치 잘하는 것이 깨달음~.

신혼부부는 신혼여행가서 서로 사랑하고 하는 것도 깨달음~.

그러므로 깨달음은 수치가 없습니다. 수치는 자기 잣대로 보이는 것이 수치이지 깨달음은 높고 낮음, 깊고 넓음이 없다 하였습니다.

한 가지 깨달으면 천 가지 만 가지를 저절로 깨닫게 되는 것입니다. 그래서 영적 세계와 깨달음의 진실이라는 것은 여러분들 속에 있고 내면에 있다는 것을 여러분이 확신하실 것입니다.

우리가 영의 세계를 가려고 한다면 오늘부터라도 자기 마음에 있는 모든 것을 반성해 보세요.

"아~ 내가 잘 살아왔나. 이대로 사는 것이 옳은가~ 어떤 뜻을 가지고 살았나~ 그 뜻에 맞게 살았나~."

그렇지 않으면 살며시 바꿔주세요. 한꺼번에 바꾼다면 힘이 드니까 살며시 바꿔주세요. 그것이 바로 깨달음으로 가는 실천입니다.

깨달음은 하루아침에 되는 것이 아닙니다. 사람이 태어나면서부터 죽을 때까지 하는 것이니 어느 순간 깨달았다고 하는 것은 깨달음이 아닙니다. 빙의 현상입니다.

즉 어느 신을 이기지 못해서 자기 내면에 있는 영혼이 다른 밖의 영혼을 이기지 못하는 것을 빙의라 합니다.

빙의가 되면 깨닫지 못하고 영적 세계를 거꾸로 이해하게 됩니다. 빙의가 되면 사람들은 귀신이 씌었다라고 이야기합니다만 자기 마음이 건강하다면 절대로 빙의가 되는 모습은 없습니다. 최근에 깨달았습니다. 영적세계를 알고 있다 하는 것은 빙의로 자기만의 최면에 걸려 살고 있는 것입니다.

그러니 여러분들도 자기가 어느 최면에 걸려 살고 있는지 잘 생각해 보십시오. 저는 우주의 최면에 걸려 살고 있습니다.

사람은 누구나 다 최면에 걸려 살고 있습니다.

아버지는 엄마의 최면에 걸려 살고 있고, 아이들은 엄마, 아버지의 최면에 걸려 살고, 배고플 땐 음식의 최면에 걸려 살고, 멀리 갈 땐 기차의 최면에 걸려 살고 누구나 최면에 걸려 살고 있습니다.

체면이라고 해서 나쁜 것은 아닙니다. 우리는 우주 전체의 최면에 걸려서 산다면 하나가 되는 것이고, 우주란 하나란 뜻, 깨달음도 하나란 뜻이고 영의 세계란 뜻도 하나란 뜻입니다.

오직 하나를 위해서 살아가는 것이다 이 말입니다.

우리가 성격도 틀리고 환경, 살아온 모든 것이 틀리지만 하나의 길로 교회를 믿던, 부처를 믿던, 이슬람교를 믿던, 힌두교를 믿던 한 곳으로 가는 것이 영의 세계입니다.

다 뿔뿔이 흩어져 나온 것이니까 그 기운으로 모아진 것은 깨달음이라 합니다. 그러니 여러분도 영이란 것이 우리한테 도움이 되는 것이지 나쁜 것이 절대 없고, 영의 세계를 안다 하면 빠른 길, 지름길로 갈 수 있습니다. 여러분들이 기를 하거나, 내면 세계를 알려면 영적세계와 같이 접목을 해서 지혜롭게 산다면 사랑과 젊음이 생기고 흔히 원하는 성공도 생깁니다.

성공은 영의 세계가 성공을 해 주는 것이지요. 영적으로 승화가 되지 않으면 재창조가 되지 않습니다. 그러므로 여러분이 영의 세계가 어떤 것이든 긍정하고 같이 하나가 된다면 엄청난 재창조가 된다는 것을 말씀드리고 싶고, 깨달음은 여러분이 알다시피 쉽게 생각하면 아주 쉽지요.

자기가 하는 일을 아주 열심히 하는 것도 깨달음입니다.

돈이 없는데도 더 좋은 직업을 하고 싶어서 논다는 것은 깨달음이 아닙니다. 있는 그대로, 환경 그대로, 살아온 그대로, 그 길 바탕 그대로 살아가는 것이 깨달음입니다.

도를 닦는다거나 저 같은 사람은 깨달음의 길은 조금 틀리지만 결과는 같습니다. 그 사람은 그 사람대로의 깨달음, 이쪽은 이쪽대로의 깨달음이 있지 틀리지 않습니다.

깨달음은 마음입니다. 마음속에 다 있는 것이지 어느 길바닥에 나자빠져 있는 것은 깨달음이 아닙니다.

깨달음에 가기 위해선 마음을 한 곳에 집중해 보세요.

심장이나 간, 신장, 장 등에 집중해 보세요.

오장육부 중 어느 곳에 기운을 모을 것인가에 따라 깨달음이 틀려집니다.

간에 기운을 많이 모으면 술을 많이 먹게 되는 것이고, 위에 기운을 모으면 밥을 많이 먹게 되는 것이고, 장에 기운을 많이 모으면 음식이 소화가 잘 되니까 건강하죠. 그러므로 이런 기운 기운마다 다 영이 들어있습니다.

이렇게 얘기할 수 있습니다.

간하고 대화한다면,

나 : 안녕하세요

간 : 아~ 조금 피곤해요~.

나도 모르게 그런 느낌을 갖게 됩니다.

그러므로 음식을 먹게 되고 잠을 자게 되고 어딜 가게 되고, 누굴 만나게 되고 일을 하게 되고, 이런 것이 내면에 있는 자체로 인해 이루어지니 이것이야말로 인간의 뇌호흡이 영의 세계를 대표하는 것이라고 말하고 싶습니다. 그러므로 자기 몸의 기운을 알아차리지 못하고 영의 세계를 알지 못하죠.

소화 잘된다, 배부르다, 이런 것을 느끼는 것도 깨달음이지요.

우리가 눈으로 보는 것과 귀로 듣는 것, 입으로 먹는 것만 터득할 것이 아니라 우리가 귀를 막으나, 눈을 감으나, 입을 막으나 느낄 수 있는 것이 영이란 것을 깨우치기 바랍니다.

내가 눈을 감아서 여러분을 보면 형체가 안 보이는 것 같으나 다 보입니다.

그건 무슨 말인가 하면 마음을 보기 때문입니다. 눈을 뜬 사람도 사람을 보는 것이 아니라 마음을 보고 있고 눈 뜬 장님도 그 사람의 마음을 보고 결혼을 하게 됩니다.

형체가 보이지 않지만 그 마음을 보기 때문에 영의 세계는 눈 뜨거나 눈감거나 같다는 얘깁니다. 그러니까 영의 세계는 값을 치를 수가 없습니다. 돈 주고 사고 할 필요 없고, 사도 안 되고 팔아도 안 됩니다. 판다고해도 살 수도 없죠.

영은 자기 스스로 느껴야 영이 되는 것이지 누구한테 배우거나, 누구한테 터득한다고 해서 되는 것이 아닙니다. 스스로 영의 세계는 접목을 자기가 얼마만큼 잘하느냐에 따라서 해야 합니다. 절대로 남을 통해서나 자기 잣대로 자기를 평가할 수는 없습니다.

자기의 깨달음이나 영의 세계의 수준은 매개체인 하늘이나 우주에서 평가합니다. 그러므로 자기 자신이 평가한다는 것은 있을 수가 없는 얘기고 우주를 알면 사람은 깨달음이라 했죠, 마찬가지로 우주가 인간이기 때문에 인간을 알면 깨달을 수가 있습니다.

어느 사람의 심성이나 마음 여러 가지 생각이 머리위로 올라가기 때문에 첫 번째 마음이 있어야 머리로 올라가지 마음이 없으면 절대로 머리위로 올라가지 않습니다.

사람이 죽는 것도 마음이 없으면 죽게 됩니다.

뇌는 명령할 뿐이고, 속안에 있는 내장은 내면 세계를 보여주는 것입니다. 이렇게 보여줘야 아는데 그것이 영의 세계입니다.

이 이치는 머리에 아무리 지식이 많은 사람이라도 깨달을 수가 없는 것입니다. 그러므로 어린아이한테도 배워야 한다고들 하지 않습니까? 사람마다 깨달음의 잣대가 다 틀리고, 수치가 다 틀리기 때문에 항상 인간은 배우는 것입니다.

배우고 또 배우는 것이 깨달음입니다.

오늘 다 아는 것 같지만 내일 또 알게 될 것입니다.

내가 오늘 서른 살이지만 일 년 후면 서른하나가 됩니다. 또 늙어가며 수염도 나죠. 마찬가지로 그런 것이 깨달음으로 가는 길, 저절로 가는 길이라는 것입니다. 오늘날 우리나라에 잘못된 것이 많습니다.

특히 영의 세계와 깨달음의 세계를 잘못 전파해서 많은 사람들이 너도 나도 영의 세계와 깨달음의 세계를 갈려하니 어려운 단어와 어려운 문구를 써서 사람들이 쉽게 갈 수 없는 것입니다.

아주 쉽게 표현한다면 누구든지 쉽게 이 세상을 밝고 맑게 할 수 있는 그런 세상이 온다고 확신합니다.

여러분이 영의 세계와 깨달음의 세계를 알고자 한다면 우선 항상 깨끗한 마음을 가지고, 항상 어린이 경우는 이를 세 번 닦고 어른의 경우는 따뜻한 마음으로, 꼭 어린아이에게 좋은 말로 이왕이면 존댓말로 하면 좋겠죠. 또 이왕이면 따뜻한 마음을 가지고 하면 더 좋겠죠. 그래야 어른이 되어서 장성이 되어 이 나라가 밝고 맑은 나라가 되서 세계화가 되는 최선의 지름길이 아닌가 생각합니다.

영의 세계, 깨달음의 진실, 이 모든 것이 우리가 알고자 하면 멀어지지만 긍정만 하면 저절로 갈 수 있습니다. 티켓만 가지고는 갈 수 없잖아요. 자기자리를 찾아 의자에 탁 앉아 저절로 빙~ 갈 수 있듯이 여러분에게는 제가 티켓을 한 장씩 모두 드리겠습니다.

여러분은 그 번호에 가서 앉기만 하면 저절로 영의 세계는 갈 수가 있습니다.

여러분~ 여러분이 아는 상식도 말씀드렸고, 또 여러분이 조금 모르시는 것도 있었을 것입니다.

여러분도 다 아실 것입니다.

여러분이 티켓을 가지고 번지수만 잘 찾아서 뜨기만 하면 됩니다.

앞으로 단군을 모시고 기도하는 곳, 영성으로 공부하는 곳, 깨달음으로 가는 곳 웅천선원을 사랑해 주십시오.

수행으로 가는 길

봄은 여자의 계절입니다.

그런데 요즘은 여자의 계절이란 건 없습니다.

봄, 여름, 가을, 겨울 전부 다 여성의 계절입니다.

남자의 계절은 다 도망갔나 봐요.

남성과 여자가 잘 합의할 수 있는 수행의 길로 여러분과 함께 하고자합니다. 수행의 길이란 것은 여러 길이 있겠지만 그 방법과 종류와 자세를 가지고 여러분과 함께 하고자 합니다.

수행의 방법은 여러 가지가 있겠습니다만 크게 나눠서 두 가지이며 하나는 저절로 되는 수행이 있고, 하나는 그 방법 중에 제가 열심히 해서 하는 수행방법이 있습니다.

첫 번째 열심히 하지 않아도 되는 것은 그만큼 경험을 쌓아야 되는 것이고, 두 번째는 경험보다도 자기의 어떤 노력이 있다면 되는 것입니다.

그러므로 방법론을 따지자면 저 같은 경우에는 기도를 30년 동안 기도를 했습니다. 인간사 60~70년이 되지만 30년이란 것은 짧으면 짧고 길다면 긴 시간이지요.

저같이 기도를 하는 삶이 있고, 책을 통하거나 남의 말을 듣는 사람이 있습니다.

사회에 살다보면 책과, 인간과 접하다보면 저와같이 똑같이 하지 못하는 것이 것도 있습니다.

30년 동안 나도 모르게 기도를 했습니다. 요즘에는 기도를 통해서 병을 낫고자하는 분이 많습니다. 그래서 여기저기 기도원이 많이 생깁니다. 수행의 길이란 것은 여러분이 지금까지 알고 있는 방법보다도 이왕이면 기도가 큰 약이라 생각하세요.

물론 병원 약, 책도 많이 필요합니다만 기도란 걸 통해서 병도 낫고 사업을 할 수도 있고, 사람의 미래를 개척 할 수도 있고, 자신이 모르는 것을 터득할 수 있는 가장 좋은 방법이라 생각합니다.

여러분이 알고 있는 상식 중에 남의 것을 따라하거나 그 무엇을 보며 똑같이 하거나 아니면, 책을 통해서 아니면 어느 곳으로 여행을 가거나 남이 말을 통해서 귀를 즐겁게 하며 수행하는 방법이 있습니다.

저 같은 경우는 강화 마니산, 진안 마이산, 부산 해운대에서 30년간 왕래를 하면서 하늘의 기운을 알았습니다.

우리나라의 기운을 어느 세계보다도 제일 기운이 세다는 것을 뒤늦게 알았습니다.

저는 기운에 대해 몰랐던 사람입니다. 그러니까 당당하게 말할 수 있는 것은 기(氣)라는것는 어느 끌어당기는 힘이 있어야 되는 것입니다. 끌어당기는 힘이 있어야 수행할 수 있습니다.

저 같은 경우는 여러분이 오해하실 수 있겠지만 저는 하늘이 원해서 기운을 끌어당긴 것입니다.

여러분은 또 사회에서 끌어당겼고, 저나 여러분이나 같은 맥락입니다.

저라고 특별한 사람은 아닙니다. 여러분보다도 좀 더 기도를 많이 했다는 것입니다. 대신에 여러분이 사회를 살아가는 것 그 자체가 기도입니다. 기도라는 것은 따로 없습니다.

기도라는 것은 어느 매체와 대화를 하는 것이 기도라 합니다.

산에 가서 강에 가서 절에 가서 교회에 가서 하는 기도는 물론 기도지만 자기 마음속에 담아 있다면 어딜 가든 어느 장소 구애 없이 할 수 있는 것이 기도입니다.

기도는 하늘과 대화니까요. 그러므로 대화를 통해서 수행하는 사람이 있는가 하면, 후자의 방법처럼 책이나 남의 말을 듣거나 자기가 열심히 그대로 따라서 하거나 이렇게 해서 수행의 길로 가는 경우가 있습니다. 그래서 저 같은 경우는 이런 방법을 알려 줬으면 좋겠다 하는 생각이 있습니다. 어떤 생각이냐.

맨 처음 수행을 하고자한다면 여러분이 수행하고자 하는 목적을 가져야합니다. 나는 민족을 위해서, 나는 이걸 배워 좋은 교훈을 남기고 싶다. 돈을 많이 벌어서, 가난한 사람을 도와주고 싶다. 이런 좋은 목적을 가지고 있을 때 수행을 할 수가 있는 것입니다.

특히 스님들은 잠을 재워주고, 밥을 먹여 주고, 좋은 말씀을 들려주고 계십니다, 이게 다 수행입니다. 수행의 길은 끝이 없습니다. 한마디로 수행은 영적으로 볼 때는 아무것도 아닙니다.

그러나 인간으로 보면 엄청난 것이지만 이제부터 여러분은 엄청나다고 생각하지 마십시오. 수행은 여러분이 사회생활을 하거나, 기도를 하거나 하는 것과 같은 것이라 생각하면 아주 쉽습니다.

자기가 하는 일을 아주 열심히 하는 것도 수행입니다.

자기가 하는 그런 일을 열심히 하는 것도 수행입니다.

앞에서도 얘기했지만 방법론을 너무 생각하지 마시고 자기가 가지고 있는 상태, 그 상태로 공부를 하거나 뭘 느끼거나 한다면 그것이 방법이 될 수 있습니다. 수행의 방법에는 수억 가지가 있을 수 있습니다.

왜냐하면, 각 사람마다 기가 다 틀리고, 또 사람마다 살아온 것이 틀리기 때문에 똑같은 수행은 할 수는 없지요.

수행이 우리가 생각하듯 맨날 고독하고, 힘들고 이렇게 생각하지만 그렇지 않습니다. 힘들지라도 수행 후엔 백배, 천배, 수천 배의 힘을 얻게 되는 것입니다. 물론 물질세계를 얘기하는 것이 아닙니다. 물질세계가 아닌 정신세계를 볼 때 수행이란 것은 그만큼 좋단 얘기를 하고 있는 것입니다.

그렇기 때문에 여러분이 제가 말씀드린 것 중에 방법론이 좀 미비하다 생각하시면, 언제든지 문의를 해주세요. 홈페이지 정도령닷컴에 클릭을 해주시면 그 방법론이 현란하게 나타나게 될 것입니다.

여러분이 수행의 길을 가고자 한다면 서울에 살고 있다면 한강을 가끔 가시고, 부산—해운대, 경포대—경포대에 가끔 가세요.

그것도 수행입니다. 요즘 살 빼려고 하는 사람도 있고 날씬해지려고 하는 사람이 있는데 그것도 어떻게 보면 수행입니다. 그러나 약을 먹어서 하는 것, 침을 맞아서 하는 것은 수행이 아니죠.

자기 몸을 자기가 가꾸는 것은 자기가 운동을 해서 빼는 것이 가장 좋은 수행입니다. 그러니 도를 닦는다고 해서 수행을 다하는 것은 아닙니다. 자기 몸, 자기마음, 자기 정신을 관리할 때, 수행의 길이라 할 수 있습니다. 운전하는 사람은 열심히 운전하는 것, 리어카 끄는 사람은 열심히 리어카를 끄는 것입니다.

그러나 요즘 수행을 잘못가는 사람도 많습니다. 서울역에 가보면 매일같이 술 먹고 주정하고, 아침 9~10까지 자다가 용산역에 가서 밥을 먹습니다. 저녁까지 해결할 수 있죠. 그것은 수행이 아닙니다. 수행이란 것은 남에게 조금이라도 이득을 줄 수 있는 것을 수행이라고 합니다.

수행을 모르고는 세상에 살 가치가 없다는 얘기와 같은 말입니다.

어린아이가 세상에 태어났을 때 엄마도 아빠도 친구도 돈도 아파트 땅도 알게 됩니다. 이런 자연과 같이 살아가는 것도 수행입니다.

그렇기 때문에 요즘엔 어린아이들의 수행이 더 복잡합니다.

아침에 일어나면 학교가야죠 학원가야죠, 친구 만날 시간이 어디 있습니까 뛰어놀지 못합니다. 그러니 수행을 양방으로 해야 하는데 양쪽으로… 운동도 해야 하는데….

그쪽으로만 하니까 정신적인 수행은 절대 되지가 않습니다.

그 학식적인 수행을 하다보니까 정신적인 수행이 잘못되고 몸적인 건강 수행이 잘못되고 있습니다.

우리가 알고 싶은 것을 알려고 하면 올바른 수행법을 알아야합니다.

올바른 수행법 자신의 환경에 맞게 하면서 하루에 최하 20분정도 걸어줘야 합니다. 아침에 조금 일찍 일어나서 20분 정도 걷는 것, 그것도 수행입니다. 한강 근처에 살면 더 좋겠죠. 마찬가지로 수행이라는 것은 어렵게 생각하면 아주 어려운 것이지만 여러분이 하는 모든 것이 수행이라면 참 즐거울 것입니다.

그래서 밥을 잘 먹는 것도 수행이고 잠을 잘 자는 것도 수행이고 또 한 가지 남에게 피해를 주지 않고 사는 것, 그것도 수행입니다.

그러니 수행이라는 것은 우리가 근처에서 일어나는 모든 자체가 다 수행입니다. 영을 알고, 기를 더 깊이 알고 하는 사람만 수행하는 것이 아니라는 겁니다. 여러분도 충분히 수행의 길로 들어오실 수 있습니다. 어린아이가 기어갑니다. 그것도 수행입니다. 왜?

뛰어가려고 수행합니다. 그렇기 때문에 30미터만 걸어가면 그 다음부터 어린아이는 뛰어가게 되어있습니다.

마찬가지로 우리가 어떤 사업을 할 때 그것도 수행입니다. 30%만 성공하면 70%는 저절로 되는 것이니 열심히 하기만 하면 됩니다.

머리를 쓰는 것도 수행입니다. 화장실 가는 것도 수행입니다. 먹는 것도 수행입니다. 모든 자체가 다 수행입니다. 그러니까 사람만 수행하는 것이 아니라 동물들도 수행하고, 저 나무들도 다 수행하고 있습니다.

그렇게 추운 겨울에도 참고 이런 따뜻한 봄을 맞아서 파릇파릇한 싹이 나오는 것입니다. 겨울에 그렇게 수행을 했던 것이지요.

그러니 여러분들은 겨울밤을 많이 자지 않습니까? 여러분들은 60~70번 정도의 겨울을 나지 않습니까? 그러니 수행의 길이 그만큼 길다는 얘깁니다. 수행을 하시다가 멈추시는 분들, 아니면 지금까지 하고 계신 분들, 수행이란 것은 여러분들이 생각하시는 것만큼 어려운 것이 아니란 것을 깨우칠 때 그것이 방법 중에 하나입니다.

그러니까 오늘은 뭘 먹을까? 뭘 할까? 아니면 에이~자포자기하는 것…. 그것도 어떻게 보면 수행입니다.

그 단계를 지나야 성공을 하고 뭔가를 알 수 있게 되는 것이고 뭔가를 성취하고 뭔가 성공하게 되는 것이지, 수행을 할 때는 결국 성공이란 것은 없습니다.

수행이 끝날 때 성공하게 되는 것이고 수행이야말로 인간 세상에서 가장 필요한 방법입니다. 그러니 망쳤다고 해서 망친 게 아닙니다. 그 경험을 토대로, 그 수행을 토대로, 그 과거를 통해서, 미래가 있는 것입니다. 수행을 하려면 미래를 알고자 한다는 생각을 가진다면 엄청 쉽습니다.

수행을 무작정 하지마세요. 이왕이면 내 미래는 지금보다 더 좋은 세상, 더 밝은 마음, 우리가 알지 못하는 더 좋은 생각을 갖게 하는 것입니다. 이런 생각을 가지고 수행한다면 그것이 최고의 방법이 아닌가 생각합니다.

저는 기도를 뭣도 모르고 시작했습니다만 기도는 가장 사람이 살아가는데 무서운 무기입니다. 그것이 수행의 목적이 될 때는 더 큰 무기가 되겠죠.

그래서 저는 아침에 20분 동안은 달리고 한 5분 동안은 참선을 하면 좋겠습니다. 무슨 말을 하지 않아도 좋습니다. 무슨 말을 한다고 해서 다 이루어질 리는 없습니다.

그래서 수행은 수행 자체로서의 남을 위한 봉사를 위한 마음으로 수행한다면 그 방법으로는 그때부터 시작이 아니라, 그 자체가 끝입니다.

그런 마음을 가진다면 처음과 끝이 확연하게 나타날 것입니다.

그 방법이야말로 높은 경지에 올라가는 최고의 방법이 아닌가 생각합니다. 스님이 되려면 최하 12년 동안 공부를 해야 되고, 그래야만 조그만 암자라도 얻을 수가 있습니다.

법이 그렇게 돼 있습니다. 그러나 어느 스님이 열심히 공부하면 책이 필요 없다 하는 스님도 계십니다.

어느 분은 아직까지 공부가 덜 되어서 책이 필요 있다 하는 분도 계십니다. 그러니까 어느 분의 말이 옳다 그르다고 할 필요는 없습니다.

왜냐고 물으신다면 사람마다 다 기운이 틀리니까요. 그러면서 생각해보면 이왕이면 자기가 직접 몸으로 부딪히는 수행을 한다면 아주 좋습니다. 수행의 방법 중에서 좋은 방법이 있다고 하면 산을 가끔 한번 가는 것…. 수락산이나 도봉산이나 치악산이나 관악산이나 가세요.

물론 산마다 다 기운이 틀리지만 수행의 길에 있어서 가장 좋은 것이 산입니다. 그러나 요즘엔 어떠한 절이든지, 자꾸 내려오고 있습니다. 그 만큼 산의 기운이 떨어졌단 얘기이죠. 후지산의 산은 임신이 잘 안되는 사람들, 그런 사람들이 가서 기도를 하면 좋고, 수락산, 은 약사산입니다.

몸이 아프신 분들 특히 다리가 아프신 분들이 그쪽 산에 가면 아주 좋습니다. 또 사업을 하시는 분들은 도봉산에 가면 아주 좋습니다. 그리고 고속도로 타고 나가면 멀리 원주의 치악산이 약사산입니다. 목, 갑상선이 안 좋은 분들이 가면 아마 좋을 것입니다.

이렇듯이 산은 그 기운마다 다 수행할 수 있는 방법이 있습니다. 그러니 어느 것 하나 수행이 아닌 것은 없다 이 말입니다. 이것이 다 수행의 종류라고 볼 수가 있습니다.

밥 먹는 것도 수행이고, 자는 것도 수행이고, 말하는 것도 수행이고, 심지어 목욕하는 것까지도 수행입니다.

어느 것 하나 수행이 아닌 것이 없다고 말한 것처럼 이 종류는 무궁무진하게 많다 이거지요.

아침에 일어나면 정치하는 사람들은 국회의사당에 가서 밖으로 나오지 말고 거기에 앉아서 국민과 민족을 위해서 무엇을 할 것인가를 하루 종일 생각하는 것, 이것이야 말로 그 분들의 수행입니다.

마찬가지로 밥을 하는 사람은 밥이 타지 않게 열심히 밥을 하고,

반찬도 성의와 마음을 담아서 맛있게 만들어서 내 놓는다면 그것도 수행이라고 볼 수가 있죠.

그래서 수행의 종류를 우리가 따진다면 궁극적으로 우선 나라를 위하고 민족을 위하는 그런 수행이 가장 좋은 방법이라고 생각합니다. 우리나라는 이상하게도 한 사람만 있으면 괜찮은데 둘, 셋 모이면 다 의견이 틀립니다.

일본 같은 경우는 한 사람의 의견보다 두 사람 세 사람의 의견이 더 확고부동합니다. 이것은 어디에서 나오는 차이냐 하면, 그만큼 수행을 잘못해 왔기 때문입니다. 특히 부모님이 잘못 가르치고 있습니다.

어떻게 잘못 가르치고 있냐하면,

"네가 최고가 되어야 해!"

"너 좋은 대학 가야 해!"

"좋은 옷 입어야 해!"

"좋은 집에 사는 게 좋은 거야!"

이렇게 가르치고 있습니다. 그렇게 가르치지 마시고 이왕이면 오늘부터라도 "남을 위해 봉사하고 또 스스로를 잘 알아서 친구들과도 항상 대화로 통하여 리더십도 기르고, 네가 성공하는 것은 바로 이런 것이다"라고 하십시오.

좋은 집, 좋은 공부, 좋은 음식 이런 것은 일생에 도움이 안 됩니다. 이런 것은 사람의 마음을 흐트러뜨려만 놓았지 별로 좋은 방법은 아니라 이겁니다

저는 아이를 낳아보진 못했지만, 아이는 너무 맑은 영혼을 가지고 태어납니다. 그래서 수행엔 어떤 종류가 있냐고 물어보신다면 "'아기'

를 닮아가라." 이렇게 말씀드리고 싶습니다. 어린아이를 닮아 가십시오. 특히 세 살 이전의 어린아이를 닮아가야 합니다. 그래야 좋은 수행의 방법이 되고 그 방법의 종류가 됩니다.

사람마다 다 기운이 틀리기 때문에 수행하는 방법 또한 다 틀리지만 어떻게 보면 영(靈)의 세계로 보고, 수행의 세계, 깨달음의 세계, 기(氣)의 세계로 본다하면 수행의 길은 어차피 한 가지를 잘하는 것입니다. 뭐냐… 본성을 잘 알아야 한다 이 말이죠.

자기 자아를 찾아가는 것이 수행의 길입니다. 그러니 태어날 때 내가 어떻게 태어났는지 모르실 겁니다.

엄마나 아빠나 이런 분들이 내가 태어나는 것을 보았을 것입니다. 그러나 나는 내가 태어나는 것을 보지 못했을 것입니다.

내가 태어나는 것을 보러가는 것이 수행이고, 그것이 내 자아를 찾아가는 것입니다. 그러니 어렵게 생각할 필요가 없다는 것입니다. 수행의 길 중에 종류, 방법, 자세가 있지만 그중에서 제일 좋은 것은 수행의 길이라는 것은 나를 위하는 것보다 남을 위하는 길입니다. 생각하고 하신다면 누구보다 훨씬 좋은 수행을 겪고, 할 수 있다 이 말입니다.

앞에서도 말씀드렸습니다만, 저는 21년만인 1995년 1월에 아무것도 몰랐던 사람이 강화 마니산에서 우리나라의 민족의 뿌리이신 국조단군의, 천기(天氣)를 받아 깨달아 지금은 우주의 원리를 강의하고 있습니다.

우주의 원리를 알면 무엇이든지 할 수 있다는 것을 여러분도 아시게 될 것입니다. 그러므로 우주를 알게 됨으로 해서 이제 여러분과 같이 하게 되어서 너무 행복하고 기뻐서 어쩔 줄 몰라 할 때가 많습니다. 내가 하는 기도방법은 여러분과 같지는 않습니다만 저와 똑같이 할 필요는 없습니다.

저는 21년 동안 기도를 하면서 많은 것을 겪었습니다. 그중에서 몇 가지 예를 들고자 한다면 우선, 밥을 많이 굶어 봤습니다. 잠을 많이 자지 않았습니다. 욕을 많이 먹어봤습니다. 그래야 사람이 성장을 합니다. 밥을 많이 먹는다고 해서 정신적인 성장은 절대 되지를 않습니다. 욕심이 없어야 됩니다.

그러므로 하늘에서 어떻게 봤는지 "어~ 저 사람이 괜찮구나" 해서 아마 선택한 것 같습니다. 여러분이 수행의 길을 가려면 이왕이면 선택을 받는 사람, 가정에서도 선택을 받는 우리 아들, 우리 딸, 나라에서도 선택을 받는 우리 민족이 되어야 수행의 길을 잘 왔다 생각할 것입니다.

인간은 태어나면서 죽을 때가지 미래를 모릅니다.

그러면서 어떤 것을 배우면 자기가 최고라고 합니다. 최고라고 하는 것은 그 위에 최고가 또 있는 것입니다. 그러니 이왕이면 나는 "아무것도 몰라요." 하지만 여러분이 원하시면 원하시는 대로 해드리겠습니다.

따뜻한 마음을 가져야 올바른 수행이 아닌가 생각합니다. 요즘 수행을 가르치는 여러 수행, 문화… 여러 ○○관이 많습니다.

그러나 여러분이 잘못 간다하면 잘못 섞여진다하면 영원히 헤어나지 못하는 수행의 길로 빠져들고 맙니다.

마음공부를 한다면서 수행을 하는데, 마음공부를 하러 가야지 하는 그 자체가 수행이 아닙니다. 저절로 가야합니다. 자기의식에 사로잡히지 말고 알아서 저절로 가야합니다. 편한 마음을 가지고 마음을 비워야합니다.

단 마음이란 것도 자기 자신이 비울 수가 없습니다. 이것만 깨우치면 이것이 올바른 수행의 방법이고, 자세라고 말할 수 있습니다. 그러니까 마음이란 것도 내가 비우는 것이 아니라 "어느 기운을 통해서 마음을 비울 수 있다"라는 것까지만 공부를 하세요.

"내가 마음을 비웠어" 하는 것 자체가 비운 것이 아닙니다. 어떻게 자기가 마음을 비우겠습니까?

병원에 가서 X-레이를 찍어도 MRA를 천번 만번 찍어도 나오지 않습니다. 마음은 보이지 않습니다.

마음의 창을 연 사람한테만 보이는 것이 수행의 길입니다. 다시 말하면 마음의 눈이 있어야합니다. 마음이 안식처가 되어야합니다. 이 마음이 자기를 움직이는 종교가 되어야합니다. 마음이 자기를 감싸주는 형태가 되어야 합니다.

그래서 수행의 길을 가려면 제일 많이 좋아지는 것은 물론 걸어서 산도 가고 정신적으로 어디까지 가야하겠다 생각도 갖지만, 마음속에서 우러나는 마음이 있을 때 그것을 했을 때 올바른 수행법이 생긴다 이 말입니다. 그래서 여러분들이 여러 가지, 매체를 가지고 듣고, 말하고, 보고했습니다만 수행의 길은 엄격하게 따져서 오늘 몇 가지만 말씀드리면, 수행의 길로 가고자 한다하면 우선 중학교 때부터 시작하는 것이 좋습니다.

고등학교에 다닌 학생들도 늦었다 생각하진마세요. 머리가 맑아지고 공부 잘하고 이 사회에 모범이 된다. 이런 생각만 가져도 수행을 할 수가 있습니다.

늦었다 할 때가 가장 빠를 때라고 하지 않습니까? 그런 것이 다 영적세계에서 나오는 말입니다. 그러므로 이 글을 보고 계신다면 지금부터 시작해도 좋습니다. 절대로 늦지 않습니다. 이제부터 수행을 해보십시오. 어떤 수행을 하느냐? 항상 나를 찾고자하는 수행을 하십시오~.

'아~ 내가 건강하지 못 하구나.'

'아~ 내가 참 똑똑하지를 못 하구나.'

'아~ 내가 남을 위해서 배려를 참 못 했구나.'

이제부터라도 좀 해야겠구나.

이런 마음을 가지고 수행을 한다면 이미 수행은 끝난 것입니다. 끝이란 것은 다시 시작하는 것이기 때문에 그렇습니다.

천부경에 보면 마지막 구절에 "일종무종일"이라고 있습니다. 물론 "일시무시일"이란 것도 있지만 "일종무종일"이라는 것은 끝이 아닙니다. 다시 시작합니다. 다시 시작을 하는 것만이 또 끝을 찾을 수가 있습니다. 그래서 끝과 시작은 같은 것입니다.

같은 말이라 이것입니다. 그러니 여러분들이 지금 수행을 하면서 '아~ 나는 안돼!', '나는 못하겠어' 이런 마음을 갖지 마시고 '충분히 할 수 있어' 이런 생각만 가지신다면 누구나 쉽게 풀 수 있는 수수께끼라 합니다. 누구나 풀 수 있습니다.

나 같은 사람도 풀었는데 여러분이 못 푸시겠습니까? 저는 정식학교는 초등학교밖에 나오지 못했는데, 여러분들은 중학교, 고등학교, 대학교, 대학원도 거치고 의사, 판사 등 여러 좋은 직업을 가지고 계신 분들이 많지 않습니까? 의식만 깨어있다면 누구나 수행을 할 수 있습니다.

여러분들 지금까지 공부하시면서 얼마나 고생을 많이 하셨습니까?

그러나 사회공부는 이제 좀 접어두시고 수행의 길, 내면의 세계를 볼 수 있는 수행의 길로 간다하면 아마 반겨줄 것입니다.

여러분들이 빨리 한 가지라도 터득할 수 있는 방법은 자기 마음을 닦는 것입니다. 그것이 수행입니다.

마음을 닦아 가세요. 세제로 닦는 것이 아니고 마음을 닦아가려면 우선 잘못된 의식부터 바꿔야합니다. 남을 무시하거나 남을 업신여기거나, 남을 외면하거나, 남을 내려치는 거나 이런 건 절대 안 됩니다.

이왕이면 남을 올리고, 자기보다 못한 사람을 도와주고, 격려해 주고, 칭찬, 반겨 주고, 같이 슬퍼해 주고 이렇게 해야 올바른 수행을 터득할 수 있죠.

우리나라에 살아가는 모든 사람들의 모습을 보면 다 수행을 하고 있습니다. 그러나 엇갈린 수행을 하고 있습니다.

자기가 가야 되는 그런 길은 가지 않고 엉뚱한 길로 수행을 하고 있습니다.

그러니까 항상 불만입니다. 항상 자포자기하고, 항상 공포에 떨고, 항상 절벽으로 내려가고 있습니다. 자기가 어떻게 살아가야하는가 하는 것을 아는 방법, 이런 것이 수행의 길인데 정작 그런 것은 모릅니다.

어떤 사람은 공무원을 해야 될 사람이 있습니다. 그러나 공무원을 해야 할 사람이 사업을 한다면 그 사업이 제대로 되겠습니까? 절대 되지 않을 것입니다. 그러나 계속 그 길로 가고 있습니다. 그건 수행을 잘못하는 것이지요.

그러니 여러분들이 어떻게 어떻게 살아가야 하는 것인가. 자기의 본성 자아를 찾아야하는데 말로만 하면 소용이 없습니다.

여러 언론, 경제, 문화, 책을 보면 나를 찾아야 한다 하는데 '나를 찾는다'는 것이 그리 쉬운 일은 아닙니다.

왜? 어렵게 생각하니까 쉽지가 않다는 것이지요. 나를 찾는 것은 여러분들이 이미 찾은 것입니다. 이미 찾았는데도 찾는다고 하니까 이미 찾은 것이 얼마나 화를 내겠습니까? 나를 찾는 것이 내가 지금 열심히 하고 있는 것이 나를 찾은 것입니다.

혹시 그렇지 않은 분들이 계시면 절대 그 일을 하지 마십시오. 그 일에 흥미를 느끼고, 기쁘게 생각하고, 즐겁게 생각하고, 항상 고마움을 생각하는 것 이것이야말로 나를 찾는 것입니다.

그래야 밥도 맛있고, 잠자는 것도 즐겁고, 그 누구를 만나도 즐겁지 않습니까? 그래야 거기서 행복이 나오는 것입니다. 행복이라는 것은 눈으로 보이지가 않습니다. 그러나 느낌으로는 알 수가 있습니다. 어떤 사람의 눈을 봐도 저 사람이 나를 사랑한다고 느낄 때가 있을 것입니다. 그것은 그만큼 내가 그 사람한테 수행을 잘했기 때문에 그런 것입니다.

내가 어떤 사람을 볼 때는 항상 빠른 눈으로 봐야 됩니다. 오래 생각하면 늦습니다. 수행을 오래하면 판단이 빨라집니다.

너무 빨라서 오해를 받는 경우도 있겠습니다. 그래서 우리가 안 갈 곳을 가고, 가야 할 곳을 가지 않는 경우가 많습니다. 만나야 할 사람을 만나지 않고, 만나지 말아야 할 사람을 만나는 그런 경우가 많이 있습니다. 이것은 그 사람의 잣대로 수행이 잘못되어서 그렇습니다.

제 얘기를 또 한번 하겠습니다. 저는 하늘에서 받았어도 뭐가 뭔지 몰랐습니다. 내가 뭘 해야 하는 사람인가? 그러나 세월이 흐른 뒤 이제야 알았지요.

저는 현재 12년 동안 그리고 국조이신 단군을 모시고 살아갑니다. 제가 뭔가 자랑하려고 나온 사람이 아니란 것을 여러분들이 글을 읽고 잘 알고 계실 겁니다.

여러분에게 내 것을 주고 싶은 마음에 이렇게 글을 보여주고 있습니다. 그러므로 여러분 누구나 다 정도령이 되어야합니다. 정도령은 이름이 아닙니다. 책에 나왔듯이 정도령이 이 세상을 위해 뭘 잘 할 것이다~ 그것은 잘못된 오판입니다.

정씨가 아니고 누구나 지금 태어난 아기서부터 죽은 양반까지 다 정도령이 되어야합니다. 올바르게 살고, 올바른 영을 가져라 이 말이죠. 거기에서 올바른 영을 가진 사람만이 올바른 수행을 하게 되고 올바른 자세가 나오는 것입니다.

그러므로 여러분들이 요즘에 살아가면서 '아~ 허리가 아퍼라~, 아~ 머리 아퍼라~, 아우~ 배야~' 하는 건 다 자세가 나빠서 그렇습니다.

무슨 자세? 음식 먹는 자세, 생각하는 자세, 살아가는 자세~ 그렇지 않습니까? 나쁜 생각, 욕심내는 생각, 별 볼일 없는 생각, 좋은 옷만 입으려는 생각, 백화점에만 가는 생각, 그러지 말고 어떻게 하면 이 세상에 태어나서 도움을 주고 갈까 하는 그런 자세가 필요합니다. 그것이야 말로 수행하는데 큰 밑받침이 될 것이라고 생각합니다.

어떤 사람은 무조건 "기도만 하라~." 이렇게 수행하라 합니다. 이

건 절대 되지가 않습니다. 기도한다고 해서 다 되는 것도 아닙니다.

다시 말해서 마음의 자세가 기도하는 자세가 되어 있을 때 기도가 되는 것이지 마음의 자세가 되어있지 않고 기도만 밤새고 24시간 해봐야 그건 소용이 없습니다. 우리가 살아가는데 가장 필요한 것이 있다면 자기가 스스로 자기를 낮추는 것입니다.

그것이 수행입니다. 자기를 낮추는 자만이 수행을 올바르게 했다고 말을 합니다. 단지 윽박지를 때는 윽박지를 수 있는 그런 기운을 가진 사람이 있어야 수행이 잘 됩니다.

누구의 말을 무조건 듣고, 또 누구의 말은 무조건 안 듣고, 이렇게 평가를 못 내리는 사람들한테 "수행이란 이런 것이고 영이란 이런 것이고 신이란 이란 것이다~".

이렇게 윽박지르지 말고, 편하게 얘기할 땐 얘기해야 됩니다. 대신 아까처럼 모르는 사람들한텐 가르쳐야합니다. 그러나 우리나라는 역사 속에 지금까지 봐 왔어도 기(氣)는 그렇게 좋은 기를 받았어도 영적으로 볼 때 초등학교 수준밖에 안되니 이렇게 사는 것입니다.

앞에서도 얘기했지만 우리의 수준, 우리의 수행의 수준, 우리의 수행방법, 종류 등 다 얘기했지만 자세가 또 문제가 되죠.

어린 아이들은 밥을 먹기 싫어합니다. 빵, 햄버거 외국의 모든 문화가 다 들어와 있습니다.

우리문화는 사라지고 있습니다. 참 안타까운 얘기죠. 우리 어른들의 자세는 어떻습니까? 자기만 잘 되려고 하는 자세, 남을 업신여기는 자세~ 뭘 배우겠습니까? 배울게 없죠. 어린애들한테 이거해라, 저거해라 하지만 어린애들은 정작 비웃고 있습니다.

어린아이들이 장차 미래를 개척해 나가고 미래를 책임질 그런 자손들 아니겠습니까? 우리 자손들에게 뭘 남길 것입니까? 아빠엄마가 올바른 수행을 하지 않았는데 어떻게 아이들이 올바른 수행을 하겠습니까? 밤 12시까지 놀지도 못하고, 어떤 수행을 하란 말입니까? 남을 짓누르는 수행을 하겠습니까? 사회에 나오면 남을 짓누릅니다.

'저놈을 놔두면 내가 일등을 할 수 없는데….'

이런 생각을 가지고 세상을 살아가는데 대체 어떤 수행을 하란 말입니까? 참 답답하죠.

그래서 오늘은 여러분들에게 묻고 싶습니다. 올바른 수행이란 것은 무엇이냐? 저는 여러 가지 말을 하고 싶습니다만 사람마다 다 틀리기 때문에 여러분이 말한 그대로 그대로하세요. 그것이 올바른 수행입니다. 그것이 올바른 자세라 이 말입니다.

대신 그 자세가 올바르지 않다 생각하면 지금이라도 바꾸세요. 자기가 하루 24시간을 쪼개서 하루를 보낼 때 '아~ 내가 올바른 자세로 하루하루를 보내고 있구나~' 하고 만족을 하고 계시다면 그대로 하시고, '아~ 내가 하루를 잘못 보내고 있구나' 하는 분들은 수행법을 바꿔 보세요. 자~ 이렇게 하실까요?

우선 아침에 일어나면 찬물로 머리를 한번 감아보세요. 머리가 아주 맑아질 것입니다. 춥지 않습니다. 찬물로 해야지 하는 순간 물이 따뜻하게 느껴지실 것입니다. 이것이 수행입니다.

그러니 찬물로 머리를 감고 나면 너무너무 기운이 자기 몸속에서 돌아다니고 있습니다. 산에 가서 20~30년 공부한 것보다 더 맑아질 때가 있습니다. 그래서 올바른 수행을 하시려면 남을 따라 하지 말고 자기의 수행대로 하는 것이 가장 원초적인 방법입니다.

또 원초적인 자세이구요. 그 자세야말로 누구한테 줄 수도, 빼앗길 수도, 알려줄 수도 없습니다. 자기만의 올바른 자세니까 그렇습니다.

그래서 수행을 하려면 우리가 궁극적인 목적을 알아야 되고 또 수행을 하려면 이왕이면 건강한 마음을 가지고 해야 됩니다.

그래야 올바른 수행법도 자기도 모르는 사이에 배우게 됩니다.

저는 수행을 이렇게 합니다.

가만히 앉아있어도 저절로 됩니다. 그것은 오랜 시간이 걸리겠지만 여러분한테도 다 가능성이 있는 얘깁니다. 누구나 할 수 있는 것입니다.

인간이라면 이미 누구나 수행법을 통달한 사람입니다. 다시 말하면 수행법에 영통한 사람들이란 얘기이죠.

자기가 자기를 찾고, 자기가 영통이 돼야 하는 사람이 여러분들이 영통이 안 되어 있다면 하늘을 쳐다 볼 수가 없습니다.

해의 기운을 받을 수도 없고 별의 기운 달의 기운 여러 가지 나무나 자연의 기운을 받을 수가 없는 것입니다.

여러분들은 이미 다 받고 있습니다. 단 그 받은 것을 제대로 쓸 줄 몰라서 그렇습니다. 쓸 줄 아는 것도 수행의 길의 한 부분입니다

여러분들이 좋은 기를 받았다면 여러 사람들한테 나눠주는 것도 한가지의 수행입니다.

앞으로 여러분들이 궁금하고 답답하고 특히 수행에 관해서 답답한 것이 있다하면 천기를 받아야하지요.

여러분들을 초대합니다. 여러분을 환영하고 있습니다. 웅천선원은 깨달음의 모든 것을 심층으로 영적으로 분석하고 해석하고, 조금

의 오차도 없이 영의 세계나, 기의 세계, 수행의 세계 등을 담고 있습니다.

여러분이 건강하지 않고, 여러분이 모자란 게 있다면 찾아주세요.

마음의 건강, 정신의 건강 그러면 순차적으로 좋은 것을 배울 것입니다.

결론을 얘기하자면 여러분들이 알고 계신 수행의 길이나 제가 알고 있는 것은 다 같습니다.

단 눈높이에 따라서 조금씩 틀려지는 것입니다. 그렇기 때문에 조합을 해서 여러분에게 수행의 길을 논하고자하면 딱 3가지로 얘기할 수 있습니다.

여러분이 수행의 길을 가고자하면 이왕이면 깨우친 사람한테 가십시오.

두 번째, 사실은 선생이 없습니다. 자기 몸이 선생입니다. 그 다음은 하늘이 선생입니다.

그러므로 자기 자신이 선생이라는 것을 알 때에 하늘을 알 수가 있는 것입니다. 그것이 바로 수행입니다.

여러분 자기 자신이 선생이라니 이 얼마나 좋습니까? 자기 자신이 선생입니다.

신(神)으로 본 기(氣)의 세계에 대한 영적조명

누구나 갈 수 있는 길을 가지는 않고 새로운 길을 찾고자 여러분을 또 새롭게 찾았습니다.

이번에는 신으로 본 기의 세계에서 그에 대한 영적 조명을 가지고 여러분과 같이 하려합니다.

저는 어떻게 보면 하늘에 있는 신을 받은 것과 같은 사람이라고 보면 됩니다. 물론 높은 영을 말하고 있습니다.

사람은 70%가 신이고 30%는 사람으로 되어 있습니다. 그러다 보니까 사람이 성공을 하려면 몸에 있는 신 어느 기운 이런 것을 가지고 살아가야하는데 무조건 자기가, 내가 잘했다 못했다 이렇게 평가를 하는데 절대 그렇게 평가하면 안 되는 것입니다.

다시 말해 사람의 몸이 100이라 치면 내면의 세계가 70%가 있고 우리가 잘 모르는 세계죠~.

그리고 우리가 알 수 있는 껍데기 몸이 30%가 된다 합니다. 그러니까 사람의 피가 70%가 거의 영적으로 구성되어 있다하면 되겠습니다. 그래서 사람은 피가 나면은 대신 아무 피나 못 넣듯이 그걸 영이라 생각하시면 아주 편하지요.

사람이 먹고 또 자고, 쓰고 이런 것을 볼 때 그 사람의 사주나 팔자를 알 수 있습니다.

돈이 많아서 많이 쓰는 사람은 "팔자가 좋네~." 말하고,

돈이 없어서 굶는 사람은 "팔자가 참 더럽네~." 아마 이렇게 얘기할 것입니다.

그래서 신의 세계를 영적으로 조명을 한다고 하면 믹스를 해서 기를 같이 본다면 이렇게 말할 수가 있습니다.

신과 우리는 일체가 되고 하나가 된다. 그러나 그 잣대를 모르므로 해서 많은 손해를 보고 있습니다.

여러분은 어떻게 생각하세요? 자기가 신이라 하면 놀래겠죠? 그러나 신이라고 해서 귀신같은 그런 신이 아닙니다.

우리가 말하는 하나님이라는 것도 어떻게 보면 신인데 바로 그런 신을 말하는 것이죠.

잡신 빙의가 된 그런 신이 아니고 신도 두 가지의 논리가 있는 것이죠. 그래서 우리가 말하는 신은 귀신같은 신이 아니라 하늘에서 느껴지는 그런 신, 그런 매체를 말하는 것입니다.

우리가 흔히 귀신을 봤네 씌였네 이런 신이 아니고 우리가 날카롭게 조명을 해 보면 거기에서 틀을 벗어나서 하늘에서 보는 신 그것이야말로 올바른 신이 아니가 생각합니다.

그래서 그 신을 논하고자 뜻 깊게 여러분이 좋아하시는 프로그램 중에서 선택해서 마련하고 있습니다.

제가 생각할 때 기나 신이나 영적으로 조명해 보면 같은 말이 될 수 있겠습니다만 하나하나 뜯어보면 그 의미가 아주 다르죠.

신은 우리가 생각하는 잡신, 참신 우리가 생각하는 하나님이란 신이 있습니다. 그러니 사람은 다 하나님의 제자라고 할 수가 있겠죠.

사람들은 무시무시하고 너무 크고 방대하니까 자기가 신이라고 하지 않는 것입니다. 이미 사람은 신으로 왔습니다.

그러나 개인적으로 추대를 받고 안받고는 그 사람이 생활 속에서 기운을 얻어가는 속에서 이어지는 것이죠.

그러니 여러분이 올바른 신이 되려면 어떻게 살아야 되겠습니까? 물론 착하게 사는 것은 당연합니다.

그러나 착하게 어떻게 살까요? 착하게 산다는 것은 항상 즐거운 마음을 가지고 살아야한다는 뜻입니다. 그러나 신은 항상 즐겁지는 않습니다.

내면은 그렇다 이 말이죠. 그러니 내면을 즐겁게 하려면 어떻게 해야 할까요?

내면을 알아야 내면을 즐겁게 합니다. 우리가 자장면을 먹어봐야 자장면 맛을 알듯이 내면 세계를 접해봐야 내면 세계의 그 모든 것을 하나씩 풀어갈 수 있다는 말입니다.

이 글을 읽어 봄으로 해서 신의 세계는 이렇구나, 영의 세계는 이렇구나 하는 것을 한 가지 한 가지씩 터득하고 알고자 할 때, 언제든지 성의껏 아는 대로 답을 하겠습니다. 이제 하나씩 슬슬 풀어가겠습니다.

신이 무엇이냐? 아까도 말했듯이 사람마다 각자의 신이 있는데 그 신의 주장신이 있습니다.

애기가 들어있는 주장신, 장군이 들어있는 주장신, 선녀가 들어있는 주장신 등이 있습니다.

쉽게 이야기하면 아주 마음 곱고, 여자처럼 생긴 남자는 여자신이 주장이 되어서 그런 것이고, 항상 애기처럼 군다 하면 그 사람은 애기신이 주장이 되는 것입니다.

그래서 그 사람의 기운의 잣대를 신으로 본다면 애기신, 장군신,

선녀신, 용왕신, 여러 가지 노래나 춤을 추는 사람은 풍류신이 있어야 합니다. 풍류신이 안에 들어 있어야 풍류를 할 수 있단 얘기죠.

그것을 모르고서는 자기가 할 수 있는 기운용을 할 수가 없습니다. 신과 자기 껍데기와 같이 그 기운을 운용한다하면 그 자체로서 완벽에 가까울 수 있지만 부정을 한다면 그 사람은 점점 기의 세계와 무관하게 멀어지게 되는 것이죠.

그러니 기의 세계를 본 신의 세계는 기의 세계로 본 신의 세계나 신의 세계로 본 기의 세계가 그것이 서로 일치하지 않는다면 우리는 방황을 하게 됩니다. 어떤 것이 옳고, 어떤 것이 올바르지 않고 찾을 수 없다 이 말입니다.

그래서 사람은 영적으로 오는 병이 분명히 있습니다. 그렇죠? 저한테는 대답이 안 들리지만 들리는 것 같습니다. 이것이 영적으로 알 수 있는 것입니다.

그래서 앞으로의 미래세계를 영적으로 조명해 보면 앞으로 신의 세계가 엄청 세집니다. 그래서 요즘 어린아이들이 머리가 영리하고 영재들이 얼마나 많습니까? 영재들을 갖고 그 영보다 얕은 신을 가진 사람들이 다루려하니 그 영재가 영재가 되지 않고, 더 못난이로 변해가는 추세를 여러분들이 더 잘 알고 있을 것입니다. 그래서 우리나라는 이 영재들을 잘 키우기만 해도 세계적인 사람으로 키울 수가 있고, 세계화를 앞당길 수가 있습니다.

그러나 그 어린아이들을 자꾸 구속하고 가두려고만 하니 그 영의 세계가 점점 밑으로 내려가고 있는 것이죠. 그래서 지금 어린아이들의 영의 세계는 7차원입니다. 그러나 옛날에 태어난 사람들은 많이 알아야 겨우 3차원입니다. 그러니 3차원이 7차원을 알려니까 얼마나 힘이 들겠어요.

다시 말하면, 어린아이들은 "너, 이거 해! 저거 해!" 해도 이미 다 알고 있습니다. 즉 명령을 듣기 싫어합니다. 그래서 신으로 본 기의 세계를 살펴보면 어머니와 아버지가 난 자식들은 한 키가 다 높습니다. 1차원이 다 높단 얘기죠. 그러니 부모가 자식을 이기는 경우가 없단 얘기가 거기서 나오는 것입니다. 여러분도 잘 알다시피 자식을 이기는 부모는 없습니다.

아무리 자식이 나쁜 짓을 해도 어머니나 아버지는 그렇지가 않습니다. 그런데 요즘 세상을 잘 보세요. 자식들이 어머니 아버지를 죽이는 그런 세상이 왔습니다. 그건 왜 그런 거냐 하면… 자식은 영이 높고 부모님은 영이 낮은데, 부모가 자꾸 이래라 저래라 하니까 거기서 답답함에 뻥 터지는 것입니다.

그러니까 여러분이 신과 기와 영의 세계를 잘 조명해 보면 사람이 아주 지혜롭게 살아갈 수 있는 기회가 많게 되죠.

그러니 공부와 학식이 최고인 그런 것을 떠나서 영적수준을 잘 개발하고 영성으로 간다하면 우리나라의 미래는 보다 밝고 보다 진취적이고 정말로 많은 사람들이 세계를 위해서 일하고 우리나라 사람 민족뿐만 아니라 세계를 하나로 만들 수 있는 그런 세상이 온단 말이죠.

각 사람마다 신이라고 하는데 그 신을 무시하면 되겠어요? 다 추대를 해야 합니다. 추대를 해야 자기도 추대를 받습니다. 추대를 하지 않고 추대만 받으려고만 하니 세상이 이렇습니다.

각 개인이 다 신이다보니 그 사람마다의 개성, 능력, 고집이 틀리기 때문에 그것을 잘 판별해서 따라가고, 잘 동행한다하면, 너무 너무 좋은 기운으로 신과의 합의가 되고, 그 기와 합의가 되서 영적 조명으로 볼 때 천 와트, 만 와트보다 밝은 미래가 형성됩니다.

저와 같이 한다면 이런 취지를 알고 같이 해주신다면 여러분들이 잘 알 수 있을 것 같습니다.

신과 또 우리와의 관계는 우리가 신이고 또 신이 우리라는 것을 알고 나야 기를 알고, 여러분이 원하는 사회를 알게 됩니다.

또 사회를 알게 되면 여러분이 원하는 행복이 찾아오게 됩니다. 행복이 찾아오면 즐거움이 있듯이 신과 나와 기와의 조화가 일생을 마감하는 데는 가장 필요한 존재라 이 말이죠.

특별히 여러분에게 글로나마 알려드리고 싶은 것은 오늘은 이왕이면 동생이 됐든, 저 아랫사람이 됐든 높임을 강조하는 그런 날이 됐으면 좋겠습니다. 다시 말하면 항상 사람들을 보면 자기보다 높다 생각한다 하면 자기가 가장 편해집니다.

자기가 스스로 높다 생각하면 항상 불행해지고 항상 걱정거리가 생깁니다. 자고 일어나면 인생은 걱정거리 투성이라고 했습니다. 그게 인생입니다. 그러나 신과 합의가 된다하면 절대 걱정거리가 사라지고 없습니다.

배가 고픈데도, 배부른 것 같고, 돈이 없어도 있는 것 같습니다. 그만큼 마음이 피어진단 말입니다. 신이 무슨 돈을 알겠습니까? 신이 행복을 찾으려 쫓아다니겠습니까? 신이 뭘 요구하겠습니까? 신 자체는 너무너무 신성한 것인데 인간이 30% 플러스가 되다 보니까 갈 길을 못 잡고, 또 신의 영성을 듣지 못하고 인간의 영성만 들으니 인간의 잣대로만 보니 그것이 자꾸 막히고 갈 길 모르고 헤매게 되는 것입니다.

그래서 무당들은 영적으로 보면 초등학교 1학년~2학년입니다. 스님은 중학교 1학년, 큰스님이라고 부르는 스님은 중학교 3학년입니다. 그리고 결혼 안하신 천주교 신부님은 영의 수준이 높아야 고등학교 1학년입니다.

그런데 여러분들은 어린아이들을 아주 우습게 보고 있습니다. 그렇지만 그 아이들은 신부님보다 높은 차원의 영성을 가지고 있습니다. 우리는 그들을 무시하고 있습니다. 그 사람들은 머리에 이미 공부가 많이 되어 있는데도 강제로 공부를 시키니 그 아이가 말을 듣고 있지 않는다 이 말이죠.

그렇기 때문에 우리가 신명과 영적으로 가는 조건이 있다면 우리 스스로 남을 배려하는 마음, 높임을 하는 마음이 필요합니다. 우리나라에서 언젠가 스마일 운동을 한 적이 있습니다.

그런데 요즘엔 스마일 운동이 없어졌습니다. 항상 웃고, 또 웃고, 또 웃는 그런 운동이 펼쳐져야 되는데 한동안 반짝했다가 없어졌습니다. 그러나 이 책을 보는 독자 제위는 하루에 적어도 하늘을 보면서 5번은 웃읍시다. 좋은 기운은 받을 겁니다.

신으로 본 기의 세계 영적 조명으로 해석을 해서 여러분에게 말씀드리고자 하는 매체가 여기 있습니다. 웃자~. 웃어요~ 웃으면 기가 들어옵니다.

찡그리면 기가 나갑니다. 기라는 것은 들어왔다가 항상 나갑니다. 그래서 사람은 항상 똑같지가 않습니다.

기가 많이 들어왔을 때는 건강합니다. 그러나 기가 나갔을 때는 건강하지 않습니다. 마찬가지로 사람이 기가 빠지면 죽게 되듯이 기가 생성이 된다 해도 운영을 잘 해야 기를 잘 받고 내보낼 수 있습니다.

지금 현재 단이나 참선이나 기를 배우는 것에는 잘못된 것이 아주 많습니다. 그것이 오늘 이 시간으로 인해 옳게 잡혔으면 하는 바램입니다.

자기의 기운대로 운동하는 것이 가장 좋습니다. 자기가 좋아하는 음식을 먹는 것이 가장 좋습니다. 음식은 가리지 마십시오. 사람은 음식에서 기가 가장 많이 나옵니다. 또 하나는 남의 말 속에서 나옵니다.

또 하나는 잠자는 속에서 많이 나옵니다. 좋은 옷, 좋은 음식, 좋은 집에선 좋은 기가 나오지 않습니다. 왜냐하면 그건 욕심으로 본신의 세계니까 안 됩니다. 자기가 보지 말고 신으로 봤을 때는 마음을 비워서 분명히 좋은 기운이 들어온다는 것을 깨닫게 됩니다. 그러니 많이 가질수록, 점점 머리가 아픕니다.

요즘 세상에서는 많이 가지려 하지 마십시오. 한 가지 주특기로~ 공부도 너무 잘하려 하지 마세요.

공부 잘하면 교만한 마음만 생깁니다. 여러 가지로 남을 못살게 하는 경우가 많습니다. 물론 공부를 잘하지 말란 말은 공부를 하지 말란 말은 아니고 잘 유용하게 쓰란 말입니다.

우리는 각 개인 개인이 신이 나는 것을 모르기에 그 사람마다의 개성을 살려주는 일을 아직까지는 못하고 있습니다.

이제 여러분들이 자기의 개성, 본성과 자아를 찾아간다면 절대로 자기 자신이 신이 아니란 것을 못 느낄 것입니다. 자기 자신이 신이기 때문에 신으로 인해 기가 나오고 기로 인해 판단을 할 수 있는 것입니다.

그래서 저의 경우 신과의 접촉을 하루 24시간 다 하고 있습니다. 신에는 조상신, 천신, 천신 위에 우주의 신, 저 땅 밑에 지신….

그러니 인간은 하늘과 땅과의 기운을 받아야 올바른 신이 됩니다. 지금 현재 우리나라는 땅의 기운을 넘치게 받은 나라입니다. 그렇기 때문에 요즘에는 하늘 기운을 받으려고 참선을 하지 않습니다.

왜냐하면 땅의 기운을 미리 너무 많이 받아서 이 세계가 영의 세계로 가고 있는 것입니다. 95년도부터 영의 세계, 신의 세계로 돌아오고 있습니다. 기운이 그렇다 이 말입니다.

우리나라의 기운은 현재 하늘에서 도와주고 있지 않습니다. 왜냐하면 많은 사람들이 신을 부정하거나 영을 부정하기 때문에 그렇습니다. 여러분들은 신과 그리고 영을 부정하지 마십시오.

부정하는 것부터 본인 스스로 앞으로 나아갈 길을 망치고 있는 것입니다. 부정하지 않는 것만으로 엄청 좋은 결과를 얻게 되는 것입니다.

자~ 신과 기의 조합을 아셨죠? 합의가 되는 것을 아셨죠?

그럼 조명해 보겠습니다.

신과의 대화, 신과 나와의 관계, 신들이 본 사람, 우리가 본 신 이런 과제로 4가지를 알려드리겠습니다.

신은 우리에게 이렇게 얘기합니다.

"당신도 신인데 왜 신에게 기도를 하시요?"

기도는 마음속으로 하는 것이지 손이나 행동으로 표현하는 것이 절대 아니라 합니다.

물론 형식상으로 손, 머리, 다리로 할 수 있겠습니다만 마음으로 기도하는 것이 가장 좋은 것이라고 신은 알려주고 있습니다.

또 신이 우리를 볼 때 밑으로 보고 있습니다. 그건 우리가 신답게 행동하지 않기 때문입니다. 여러분들이 오늘 저녁이라도 집에 부모님이 계신다 하면 "어머님 아버님~ 안녕히 주무세요" 이렇게 인사를 하고, 아침에 일어나서도 "안녕히 주무셨어요" 하고 문안인사를 하는 것 이것이 신다운 행동입니다.

그것이 신(神)이 바라본 기(氣)입니다. 우리가 갖춰야 할 것을 갖추지 못하고, 또 갖추지 말아야 할 것을 갖추고 살고 있기 때문에 우리가 항상 걱정하고, 고민하고, 번뇌하고 또 괜히 다른 길로 가는 것입니다.

우리가 알고자 하는 것이 있다하면 그것은 분명 신에게 고합니다. 비가 안와 고합니다. 장사가 안 되도 고합니다.

신은 고한다 해서 해주는 것은 절대 아닙니다. 자기가 노력해야 합니다. 노력이 있는 길이 성공이지, 신에게 의지해선 안 됩니다. 왜? 내 자신이 신이니까 노력하면 그 자신의 신이 도와준다 이 말입니다.

사람이 잘되는 것은 그 신과 합의가 잘 되었을 때 되는 것입니다. 또 한 가지 신과 합의가 잘 안 되었을 때는 아무리 잘해도 되는 것이 하나도 없습니다.

병에 걸리지 않고 그 신과 합의가 잘 되면 항상 건강하게 됩니다. 어떤 사람은 꼭 약으로만 의지하는 사람이 있습니다. 몸을 더 망치는 것이지요. 어느 기운을 받아야 하는 것입니다. 그래서 몸이 아프다 하면, 소나무를 한 5분쯤 껴안고 계시거나, 큰 돌멩이를 보고 그 기운을 받아보세요.

아니면 여러분들이 좋아하는 음식에다 기대를 한 번 걸어보십시오. 또 좋아하는 사람이 있다면 그 기운을 받아보세요. 다 하나의 신이라고 할 수 있기 때문에 거기에 기대보세요. 그러면 분명히 앞으로 나갈 수 있을 것입니다.

우리가 알고자 하는 것이 있다면 신은 무궁무진하게 알려 줄 것입니다. 제가 30년 동안 기도를 하면서 대학교를 다니지 않았어도 많은 분들이 저한테 찾아와서 저한테 어떻게 그것을 알았는지 묻곤 합니다. 나는 교수이며 박사인데 나도 모르는 것을 어떻게 알았느냐고 물어 볼 때가 있습니다.

여러분들 다 아실 수 있습니다. 저만 아는 게 아닙니다. 그렇게까지 되려면 여러분들은 우선 내 자신을 알아야겠다는 마음을 가진다면 저절로 신이 되고 저절로 기가 통하게 됩니다.

여러분들이 우주의 기를 아십니까? 우주의 기는 내가 받아서 누구한테든지 줄 수 있습니다. 그것을 누가 하느냐면, 그것은 인간이 하지 않습니다.

몸 안에 있는 신이 작용을 해서 우주와 채널링이 되어서 기를 주고 뺐고 내리고, 전해주고 하는 것입니다. 자기가 하는 것처럼 느끼지만 절대 그런 것은 아닙니다.

신은 냉정합니다. 우주는 따뜻합니다. 이 사회는 냉혹스럽습니다. 이 냉혹스러운 사회를 여러분들이 따뜻한 사회로 이끌어 가야합니다. 그래야 여러분들이 정말 올바른 신이라고 감히 제가 말씀드릴 수 있겠습니다.

인간은 자기가 살아가면서 모르는 것은 남에게 의지하면서 삽니다. 물론 그럴 것입니다. 그러나 자기가 모르는 것을 알려고 노력만 한다면 "신과 기와 영의 세계"는 분명히 알 수가 있습니다.

새로운 것을 알게 합니다. 그것은 노력의 대가입니다. 다같이 노력을 해야 합니다. 가만히 앉아서 되는 일은 하나도 없습니다.

제가 지금 영적 조명을 하고 있지만 우리가 보는 관점에선 이것이 영적 조명인지 아닌지도 모르고 있습니다. 몰라도 좀더, 알려고 노력하고 안다 해도 좀더 깊이를 파헤친다면 그 사람은 아마 이 한국 사회에서 만큼은 인정을 받는 사람이 될 것입니다.

특히 지금 공부하는 학생 중에 수학을 싫어하는 학생들, 영어를 싫어하는 학생들 영성으로 해보세요. 자기의 마음을 두드려보세요. 그러면 보기만 해도 외워지고, 보기만 해도 풀어지고 보기만 해도 느낄 것입니다. 자기 자신이 신이라고 생각하고, 임한다면 안 되는 것이 없습니다.

대신 사람에게 안 되는 것이 두 가지가 있다하면 사람이 태어나는 것과 죽는 것은 자기 마음대로 할 수가 없습니다. 그 이유는 30%의 인간이 섞여 있기 때문에 그렇습니다. 그래서 사람이 오래 아프고 죽으려 하다가도 다시 사는 것은 신의 기운의 작용으로 인해 이어지는 것입니다.

이것만 아시면 좋은 공기만 먹어도 산다는 것을 느끼게 됩니다.

사람의 병은 약으로만 되는 것이 아닙니다. 신은 약을 싫어합니다. 사람의 기운에 있는 것들은 모두 약을 싫어합니다.

자연의 기운을 좋아합니다.

오늘부터라도 여러분들은 아~ 내가 이런 기운을 가지고 태어났으니 한 5분만 명상을 해보세요.

하는 일을 멈추시고 내가 어떻게 살아왔는지 반성을 해보란 얘깁니다. 반성하는 것이 명상입니다.

명상을 사람들이 잘못 알고 있는데 반성하는 것이 명상입니다. 그래서 여러 가지 수련법이 많습니다.

신으로 본 수련법도 있고, 영으로 본 수련법도 있고, 사람이 만든 수련법도 있는데, 기의 수련법은 여러분들도 아시다시피 신이 만들어준 수련법이 가장 좋습니다. 가장 자연스럽고 특이하고, 가장 기쁘게 활성화를 시킬 수 있습니다.

그래서 영적으로 얘기하면 기의 세계란 것은 서로 맞물려서 살 수 밖에 없는 것을 기의 세계라 합니다. 기의 세계를 잘 인식만 해도 우리가 한 가지 두 가지 한 열 가지쯤은 이미 알고 들어가는 것입니다.

우리는 조상으로부터 물려받은 기를 가지고 있습니다.

그러나 우리는 다른 나라 조상의 기를 자꾸 받으려합니다. 거기에서부터 우리의 뿌리의 기는 사라지고 있습니다.

하늘에서 우리나라에 맞게 내려주신 기를 가지고 산다면 우리가 알 수 없는 길을 저절로 갈 수 있습니다. 그래서 기의 세계에 대한 영적 조명을 지금 얘기하는 중에도 여러분들은 다시 자신이 잣대로 조명을 하고 있습니다.

저 사람이 잘하고 있는지~ 못하는지~ 참 웃기는 얘기를 하는지~ 아마 나름대로 판가름을 하고 계실 것입니다.

대신에 영적으로 판가름하고 신으로 판가름하고 있다면 여러분들은 누구보다도 지지 않은 기의 세계로 가고 있는 것입니다.

운동 너무 많이 하지 마십시오. 생각 너무 많이 하지 마십시오. 말도 너무 많이 하지마세요, 잠 너무 많이 자지 마세요.

다시 말해 너무 많은 것은 좋지 않다는 말입니다. 밥도 너무 많이 먹지 말고, 돈도 너무 많이 갖지 말고, 가질 만큼 적당히 가지고 사는 것이 가장 좋은 기를 받는 방법 중에 하나라 이 말입니다.

오늘 제가 기의 세계, 영의 세계를 조명한다고 하니 뭔가 특별하고 유별난 사람인줄 아시지만 저도 똑같은 사람입니다.

여러분들도 그런 능력을 충분히 가지고 계십니다. 그리고 할 수 있습니다. 특히 이 글을 읽는 모든 분들은 다 그런 능력이 있습니다.

만약 능력이 없다면 그것은 제가 책임을 지겠습니다. 저하고 같은 기운을 가졌다 이 말입니다. 그래서 부부도 같은 기운을 가지고 살고 영적이나 신적으로 봐도 같은 부부가 같이 삽니다.

그러나 기운이 틀리면 서로 얼마간 살다가 이혼을 하게 됩니다. 참 안타까운 일입니다. 세계적으로 볼 때 우리나라는 아직은 1위가 되지 않지만 3~4년만 지나면 1위가 됩니다. 그러니 답답하죠. 여러분들이 나서야 됩니다. 우리나라의 기운을 바꿔야 합니다. 기운을 바꿔서 더 잘 살 수 있는 나라를 만들어야 됩니다.

더불어서 잘 살 수 있고 기로 인해서 운용을 잘해서 여러분들 스스로 자각을 하고 스스로 신이라는 것을 항상 긍정하고 또 자긍심을 가지고 살아야 합니다. 우리의 미래는 어둡지는 않습니다. 여러분들이 있기 때문에 그렇습니다. 모르는 사람들이 있어야 알려고 하는 그런 마음으로 나라가 발전을 합니다.

너무 다 알아 버리면 나라가 발전이 안 됩니다. 우리나라는 세계적으로 평가할 때 기운으로 본다면 기가 100이라면 94를 받은 나라입니다.

일본은 34를 받았고, 미국은 넘쳐흘렀습니다. 왜냐하면 미국은 여러 민족이 모여서 그 기운이 혼합이 되어서 단합이 되었다 이 말입니다. 그래야 기가 운용이 됩니다. 또 기란 그렇게 운용을 해야 합니다.

우리도 한번 뭉쳐봅시다. 정도령닷컴에서 여러분들이 아는 만큼 많은 사람들한테 알려준다면 그 기는 무궁무진하게 펼쳐 나갈 것입니다. 그래서 우리가 정작 알아야 할 것이 있다면 '조화'가 있습니다. 사람은 다 조화로 구성되어있습니다.

특히 가정도 그렇고 민족도 그렇고 세계적으로 다 그렇습니다. 가장 조화가 잘 되어있는 나라를 보면 나무가 많은 나라입니다. 나무가 많아야 합니다. 우리나라는 어떻습니까? 70%가 산이라고 했는데 지금은 15%~20%도 안 됩니다.

그럼 어떤 기운을 받겠습니까? 서로 뜯어갈려고 하는 기운밖에 없습니다. 그래서 환자가 많이 생기는 것입니다. 불치의 병이 여기서 나타나는 것입니다. 자연을 아끼고, 자연을 사랑하고, 자연을 보호하는 것이 기의 운용이고 신의 세계입니다.

신들이 이 자연을 만들어놨습니다. 그러나 인간들이 그 자연을 다 망치고 있습니다.

여러분 자연을 사랑하세요~ 나 하나도, 자연이라 생각하세요~ 얼굴에 찍어 바르고 문신하고, 성형수술하고…. 이 모든 게 자연을 닮지 않아서 그렇습니다.

여러분들이 기의 세계, 신의 세계를 알려면 하늘을 닮아가세요~ 우주를 닮아가세요~ 인간을 닮아가지 마세요~ 인간 닮아가 봐야, 항상 고민거리가 생길 것입니다.

여러분들이 살고자 한다면 하늘을 닮아가고, 자연을 닮아가고 우주를 닮아가고, 착한 사람을 닮아가고 여러분들을 리더 해 줄 사람을 닮아가고, 그것이야말로 여러분이 가는 좋은 기(氣)를 받는 세상이 될 것입니다.

우리가 기의 세계를 접하면서 "아~ 나는 기가 약해~ 혹은 나는 기가 쎄다~ 기가 없다~." 이렇게 얘기 하는 분들이 있으실 겁니다.

물론 맞는 말입니다. 여러분들이 기가 없다면 살 수가 없다는 것도 또한 잘 알고 있을 겁니다. 오늘부터라도 늦지 않습니다.

지금부터라도 늦지 않습니다. 아마 이 책에서 기가 나갈 것입니다. 여러분께 기(氣)를 드리겠습니다.

눈을 감으세요~ 무의식적으로 좋은 기가 나온다 생각하시면 머리가 맑아질 것입니다. 몸이 안 좋으신 분들은 특히 신경 써서 가부좌 자세로, 손을 위로 하늘 위로~ 가슴도 맑아질 것입니다.

그래서 참선이라는 것과 명상이라는 것은 신과 기의 합의가 되어야 명상과 참선과 수련의 방법이 거기서 나오는 것입니다.

여러분들~ 기를 좀 받으셨는지 모르겠습니다. 마음이 착하고, 마음을 비우신 분들은 아마 많이 받으셨을 것입니다.

탁한 기운이 많으신 분들은 아마 조금밖에 못 받았을 겁니다. 그렇다면 다음에 한 번 더 책을 보시면 좋은 기를 많이 받으실 것입니다.

오늘은 영의 세계와, 깨달음의 진실, 수행의 길과 그 방법, 종류, 기의 세계에 대한 영적 조명을 신으로 봤습니다.

여러분이 어떻게 느끼셨는지 몰라도 모자라는 것도 있겠고, 아마 넘치는 것들도 있을 것입니다. 이제는 넘치지도 않고, 모자라지도 않습니다. 무슨 말인가 하면 여러분들도 사회생활을 하고 살아가는에 있어서 넘치지 마세요~ 또 모자라지도 마세요~.

"내가 최고다" 하는 생각도 버리세요~ 내가 못났다는 생각도 버리세요~ 그냥 가세요~ 그냥 사는 것이 가장 편한 방법입니다.

걱정한다고 그 걱정이 풀어진다면 걱정하세요~ 그러나 걱정이 풀어지진 않습니다.

여러분은 다 신입니다. 누구하나 고귀하지 않은 사람은 없습니다. 누구나 다 잘할 수 있고, 잘 될 수 있고, 여러분이 생각하는 것 이상으로 꼿꼿하게 살아갈 수 있습니다.

여러분, 밝은 미소가 최고입니다. 이왕이면 여러분들이 좋은 기운을 받고 살기를 원합니다.

좋은 기운 속에 내일의 밝은 미래가 있고, 또 그 미래 속에 여러분이 하고자 하는 일이 성취될 거라 생각합니다.

앞으로 여러분이 살아가는데 있어서 기라는 것은 꼭 필요한 것입니다. 필요한 것만 여러분이 받으세요. 기라는 것도 욕심을 부리면 안 됩니다. 욕심을 부리면 부릴수록 기는 도망갑니다. 기는 알맞은 만큼만 받는다고 생각하시면 기는 저절로 들어올 것입니다.

많은 수련법이 있지만 여러분들이 이런저런 수련법에 너무 귀를 기울이지 마세요~ 자기의 수련법이 가장 좋습니다.

다만 영적으로 기수련을 많이 하신 선생님들의 기를 따라 가보세요~ 아마 여러분한테 좋은 길이 보일 것입니다.

특히 홈페이지 정도령닷컴 "웅천선원"에 오시면 여러분들이 알고자 하는 모든 것들, 기의 세계, 신의 세계, 영의 세계가 자리 잡고 있습니다.

자리 잡았을 때 여러분들이 옮겨가세요. 그래야 여러분들이 옮겨간 만큼 멋진 나날을 보낼 것입니다.

여기서 여러분들에게 하고 싶은 말이 있습니다.

종교도 갖고 있지 않고, 어떤 영적인 것을 갈구하지만 바로 알려주는 사람은 없고 굿이나 하라고 하는 사람을 만나면 오히려 더 답답할 것입니다.

무당보다 신에 관해서는 모르고 사실 무당이 말하는 말은 귀에 안 들어오고 방법을 모르고 혼자서 답답함을 느낀 사람들이 많을 것입니다.

어디에 가면 신기가 있어 신을 받아야 한다고 하는데 정작 굿을 하기를 싫어하는 사람들이 있을 것입니다. 그것은 무당보다 수준은 높고 영을 바로하려니 힘든 사람들이 이 책을 본다면 이해가 될 것입니다.

신을 받지는 않았지만 그러한 기운으로 살아가는 데 어려운 사람들이 갈 곳은 없고 어디가도 답을 찾지 못하고 헤맨다면 여러분들은 어떻게 풀어갈 것입니까?

이럴 때는 이렇게 하세요.

영은 높고 잘 살기를 원하고 하는 사람들은 내면과 대화를 해야합니다. 그래서 답을 풀어가야 하는 것이구요. 내면의 소리를 알았을 때 자신이 하고 싶은 것을 해야 합니다. 내면과 대화를 한다는 것은 사실 성공을 할 수 있는 최고의 무기라는 것을 알 수 있습니다.

어린아이들이 내면을 안다면 공부도 잘하고 착하게 살 것이며 내면을 안다는 것은 자신의 미래를 알 수 있는 것이며 컴퓨터보다 빠른 머리를 갖게 될 것입니다.

제8장

웅천선원 마음공부

마음이란?

우주와의 연결로 만들어진 것으로 인간의 심리를 움직임과 부동자세로 만들어놓은 것이다. 그래서 우주와 인간과의 채널링을 통하여 생각할 수 있도록 만들어주며, 인간이 살아가는데 있어 자신을 만드는 생각을 갖게 한다.

또한 우주의 원리로 만든 것으로 인간의 생각을 지식과 지혜를 동시에 만들어준다. 그것이 바로 마음이다.

그러므로 인간은 마음을 비우거나 닫거나 열리거나 하는 것은 우주의 기운을 받아야 할 수 있으며, 생명을 다할 때까지 인간이 도구로 쓰는 것이다.

마음공부 프로그램

– 프로그램의 특성

1. 자신을 알게 하며, 인간이 살아가는 데 있어 넓은 생각을 하게 한다.
2. 자신의 생각이 자신을 얼마나 부질없게 만들었는지를 알게 한다.
3. 내면을 알게 하는 공부이며, 자신을 알고자 하는 사람에게 필요하다.
4. 세상의 평화가 마음으로부터 온다는 생각을 갖게 한다.
5. 나보다 남을 먼저 생각하게 한다.
6. 자신의 중심을 갖게 하며 자신의 미래를 설계할 수 있다.
7. 아마추어가 아닌, 프로정신을 갖게 한다.
8. 풍요로운 마음을 갖게 한다.
9. 나라와 민족을 생각하게 하며, 자신의 마음을 다스릴 수 있다.
10. 모든 것을 긍정적으로 바라볼 수 있다.
11. 그 목적은 본래의 모습으로 깨닫게 인도하는데 있다.

마음법의 원리

마음을 다스리기 위해서는 자신이 생각하는 것을 버릴 때 알 수 있는 것이다. 그때 가서야 비로소 마음법을 알 수 있다. 그러므로 마음법의 원리는 항상 우리 주위에 있는 것이며, 마음법을 안다는 것은 우주의 원리를 아는 것과 같은 것이다.

인간은 언제든지 자신의 법을 하늘의 법으로 대행해야 한다.

마음법의 수행

어떠한 것을 찾기 위해서는 마음법이 필요한데 마음법은 수행을 하기 위한 것으로 그 도구를 이용해서 수행을 한다. 즉 수행은 살아가며 잘못된 것을 버리는 것이 수행이다.

마음법의 수행은 마음법을 효율성 있게 하는 것이며, 수행은 따로 있는 것이 아니다. 그래서 수행을 하기 위한 수행은 도움이 안 되며 마음 수행을 하기 위한, 수행인의 자세가 중요하다. 그 자세는 마음법의 중요성을 알고 해야 한다.

생활 속에 활용

마음법의 수행을 한다는 것은 생활에 쓰기 위한 수행이며, 아무리 마음법 수행을 많이 했다고 해도 상대를 무시하면 안 된다. 그러므로 마음법을 활용하는 것은 상대방을 위로하고 상대방을 위하는 생각이 있을 때 마음법의 수행과 활용이다.

잘난 체를 해도 안 되며, 기죽어 살아도 안 되며, 어느 누구와 비교해도 안 되며 상대방이 모두 선생이라는 것을 알고 행할 때 그것이 생활 속에 활용이다.

마음선원 취지와 목적

1. 인간세계에 마음을 바로잡아서 사회가 밝아지는데 있어, 한몫을 하기 위한 수행의 취지를 살려 근본을 알고, 본성을 찾는데 도움을 주는 곳으로 발전을 시킨다.
2. 자신의 길을 몰라 갈팡질팡하는 이들을 안전한 곳으로 안내하는 곳으로 마음세계를 들여다보고 긴장을 풀게 한다.
3. 국내는 물론, 해외에 있는 민족이 대한민국의 자긍심을 찾고 실천하는데 마음공부를 통해 도움을 준다.
4. 견성과 깨달음의 길로 안내하는 곳으로 인류의 많은 깨달음을 주는 곳으로 마음공부의 장이 되도록 한다.
5. 마음수련을 통하여 정신적 지도자를 양성하기 위해 우주의 기운을 받아서 살아가는 방법을 터득하게 한다.

제9장
마음공부의 단계

-명상 氣 참선

(1단계) 자신의 잘못을 자신 있게 말하는 공부

1. 자신을 버리는 마음공부
2. 가족을 생각하는 마음공부
3. 자신과 대화하는 마음공부
4. 자신의 흉을 생각하는 마음공부
5. 상대방을 용서하는 마음공부

(2단계) 자신이 누구인가 찾는 공부

1. 변화를 위한 마음공부
2. 건강을 위한 마음공부
3. 미래를 위한 마음공부
4. 사회생활에 대한 마음공부

(3단계) 내면을 바라보는 공부

1. 자신의 마음을 알아가는 내면공부
2. 하늘이 자신에게 무엇을 말하는가 하는 내면공부
3. 나의 능력이 얼마나 있는지 찾는 내면공부
4. 자신이 무엇을 해야 하는지 알아내는 내면공부
5. 자연과 대화하는 마음공부

(4단계) 내면을 꺼내는 마음공부

1. 하늘과 대화하는 내면공부
2. 우주의 기운을 찾는 마음공부
3. 좋은 기운을 받는 내면공부
4. 참 나를 찾는 내면공부

후기

내가 글을 쓰고 나서…….

하늘에서 영을 내려주시기에 쓴 것이지만 하늘의 소리를 들어보라고 한 것이다.

이제 난 하늘 사람이 다 되었다.

하늘의 사람이 되었다는 것은 하늘의 명을 듣는 것이며 소릴 듣고 행동에 옮기는 것이다.

하지만 그렇게 산다는 것은 어려운 것이다.

난 다만, 그냥 따라할 뿐이다.

이제 여러분들은 하늘의 소리가 무엇인지 알았을 것이다.

그저 책을 읽고 조금이라도 깨우쳤으면 하는 바람이다.

난 지금도 아무것도 모른다.

누가 들으면 이상하다고 할 수도 있지만 사실이다.

단, 하늘에서 뭔가를 알려줄 때만 말을 하게 된다.

영성공부를 통해서 알게 된 것만 알게 한다.

그것이 하늘인 것이다.

하늘에서는 그냥 주는 것이 없다. 노력을 하지 않는다면 아무것도 주지 않는 것도 하늘이다.

이 하늘의 소리를 듣고 산다면 행복이 저절로 오는 것이다.

이 책을 읽으신 여러 도반께 좋은 일이 있었으면 한다.

그리고 출판에 협조해 주신 웅천선원을 사랑하는 분과 출판사 한솜미디어에 감사하고 싶다.

저자 正道靈

도반 3 깨달음으로 가는 101가지 이야기

1쇄 찍음 / 2006년 9월 15일
1쇄 펴냄 / 2006년 9월 20일

지은이 / 정도령
펴낸이 / 김태봉
편 집 / 황은진, 김주영, 정종우
영업팀 / 박상필, 이준혁, 김미란
등 록 / 제5-213호
펴낸곳 / 한솜미디어
주소 / (우143-200) 서울시 광진구 구의동 243-22
전화 / (02)454-0492, 팩시밀리 (02)454-0493
HomePage http://hansom.co.kr

값 12,000원

ISBN 89-5959-062-2 03250
*잘못 만들어진 책은 구입하신 서점에서 친절하게 바꿔드립니다.